自治体と総合性

～その多面的・原理的考察～

［編集］
金井利之・自治体学会

［著］
入江容子・内海麻利・北山俊哉・片山健也
阿部昌樹・金井利之 ・嶋田暁文

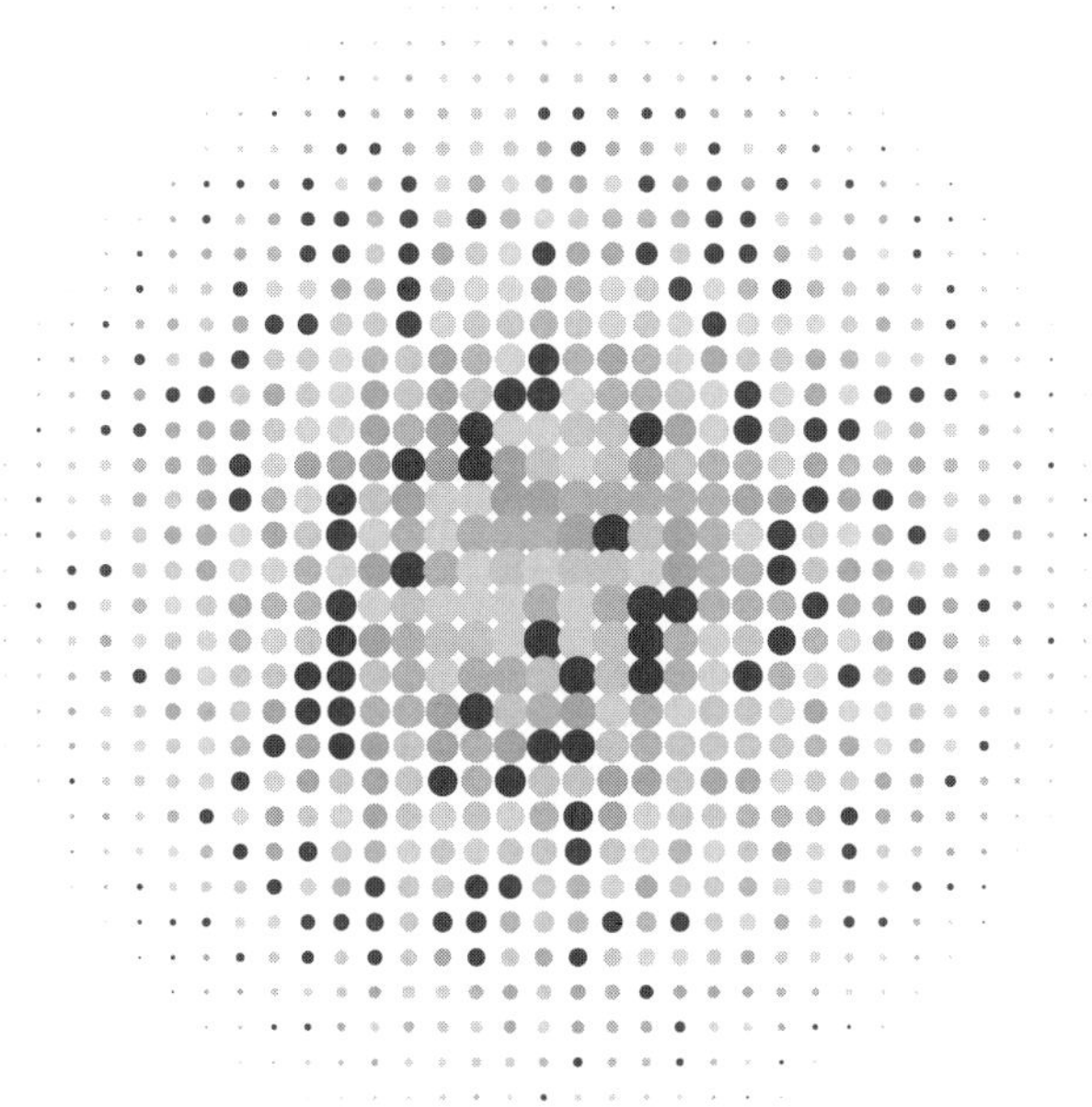

公人の友社

※本書は、二〇二三年九月二三日（土）一四時～一七時に行なわれた日本学術会議政治学委員会行政学・地方自治分科会主催・自治体学会共催のＺＯＯＭによる公開シンポジウム『自治体と総合性～分権国会決議三〇年～』での報告・討論を基に各発言者に補筆頂いた記録です。

【目次】

挨拶

嶋田：日本学術会議政治学委員会行政学・地方自治分科会主催・自治体学会共催の公開シンポジウム、「自治体と総合性─分権国会決議三〇年─」を開催いたします。

それでは、金井先生、よろしくお願いいたします。

金井：皆さん、こんにちは。東京大学の金井でございます。本日はお休みのところ、日本学術会議の行政学・地方自治分科会主催・自治体学会共催の公開シンポジウムに参加いただきまして、ありがとうございます。このシンポジウムは「自治体と総合性─分権国会決議三〇年─」と題して行いたいと思います。

一九九三年の国会両院によって地方分権推進決議がなされまして、それからはや三〇年が経過しております。分権型社会の構築を目指した二〇〇〇年の第一次分権改革から既に四半世紀が過ぎようとしています。その間、自治の領域においても実にさまざまなことが起きたわけであります。二〇〇〇年当時目指した、あるいは描いた分権型社会が現実になったのかどうなのかということについては、いろいろな見解があろうかと思いますが、三〇年を機に少し振り返ってみるシンポジウムをしてみようと思いまして、このような企画をさせていただきました。

今日の運営は、既にウェブサイトでお示ししています次第、「タイムスケジュール」に沿って行いたいと思います。前半はお三方からの報告をいただきまして、その後、休憩を挟みまして討論者二名のコメントを頂き、それに対する報告者のリプライをお願いするというようなシンポジウムの進め方にしていきたいと思います。

それでは、早速、入江さんからのご報告をいただければと思います。入江さん、よろしくお願いします。

報告①

人口減少時代の自治体における「総合性」と「多様性」

入江　容子（同志社大学政策学部教授）

同志社大学の入江と申します。改めてよろしくお願いいたします。

テーマは、「人口減少時代の自治体における総合性と多様性」ということで報告させていただきます。

本日、このような報告の機会を頂戴しまして、誠に光栄に感じております。このたびは日本学術会議、それから自治体学会の関係者の皆さま方に厚く御礼を申し上げます。

それでは報告に入らせていただきます。

一　本報告の問題意識

本報告の問題意識は「総合性」概念が持つ拡大傾向と人口減少時代の自治体行政はどのように折り合いをつけていくのかということであります。

金井先生はご著作『自治制度』の中で、二〇〇〇年改革の性格というのは自治体に「自主的」かつ「総合的」であることを求めたものであり、自治体に「総合性」と両立する限りでの「自主性」を制度化しようとしたものだというふうにおっしゃっておられます。この時の「総合性」というのは、各省庁による縦割りで政策が下りてくる中で国による「関与」や「統制」があるという状態が「融合」ですけれども、それと併せて自治体レベルの現場では「統合」的な実施がなされているということで、これらを組み合わせたものが「総合性」だというふうに表現をしてらっしゃいます。

また、現行体制では、自治体は総合行政主体として可能な限り多くの事務事業を担うということが方向性として示されているということから、所掌事務の拡大傾向、そして当時の、平成の大合併の議論とも結び付きまして、受け皿論というところと親和性を持ってきたというふうに述べていらっしゃいます。

ですけれども、先ほども金井先生からご紹介ありましたように、現在は、分権決議から三〇年が経過しているわけです。そうしますと、現状としてはどのようなことになっているかというと、物理的拡大はもはや限界にきているということです。そして、行政資源も非常に縮小してきている。他方、課題は複雑化し複合的な性質を帯びてきているということからしますと、例えば行政組織の中では事務配分と行政体制のバランスをどう取るのかという問題が起こっていると言えると思います。

二 地方自治法における「総合性」概念

まずは前提として、地方自治法の中で「総合性」という概念がどのように位置付けられているのかということを簡単にみておきたいと思います。

分権改革の成果によって、地方自治法にこの「総合的」という文言が入ったわけです。第一条の二の中で自主的かつ総合的に実施する役割ということが求められているということになります。これについて、逐条解説などで非常にたくさんのご著作がありますす松本先生によりますと、ここでいう「総合的」というのはAとBと二つの意味合いを持っているというふうに解説しておられます。

まず、一点目のAとしましては、関連する行政の間の調和と調整を確保するという意味です。これは特定政策間の調整を行うということになります。また、Bとしましては、特定の行政における企画・立案、選択、調整、管理、執行などを一貫して行うということで、これは特定政策における企画から執行までの一貫性ということになります。

以上は逐条解説上での解説になるわけですが、行政学の先生方の中には、これらからさらに総合性の意味合いが変質をしてきているのではないか。つまりCとして、あらゆる政策分野に適用させるフルセット型に変質をしてきているというふうに主張される先生方もいらっしゃいます。これはすなわち、いわゆる大市町村主義と結び付けて、拡大傾向ということをこの「総合性」という言葉にまとわせてきたというふうにとれると思います。

では、この分権一括法によって、「総合性」という文言がどのように議論がなされて、反映されていったのかということを簡単にみておきたいと思います。

九三年の分権決議と同じ年の第三次の行革審の中でも、事務配分については「一元的配分」を行うという表現がなされました。また、九五年には当時の山口総務庁長官の衆議院地方分権に関する特別委員会の答弁の中で、「企画・立案、調整、実施を一貫して処理すること」を指しているという答弁がございました。そして、それらの議論が九五年に地方分権推進法として結実していくわけですけれども、そこでは「地域における行政の自主的かつ総合的な役割を広く担う」ということが文言として表記され、同年の地方分権推進委員会が示した「地方分権推進にあたっての基本的考え方」の中でも「地方公共団体は、…地域に関する行政を主体的かつ総合的に担い」という議論が出てくるわけです。

こうした「総合性」の解釈、議論というのは、やはり分権改革の途上で出てきたと受け止めることができると思います。機関委任事務を廃止して、中央集権体制から脱却をするということが当時目指されていたわけですが、それ以前は自治体が政策過程全体にわたって関与するということが困難でしたので、ここからなんとか脱却すること、そして政策について縦割りではなく、かつ政策形成から決定、執行に至るまでを一貫して総合的に担うことが目指された中で「総合性」という概念が出てきた。この議論自体はもちろん、当時の中で大変意義が高かったと思います。

三　地方制度調査会における議論の変遷

次に、この第一次分権改革をけん引したアクターの一つである地方制度調査会の議論の変遷を追っていく中で、「総合性」というものがどのように質を変えてきて議論されているのかをみていきたいと思います。

三―一　第二七次～第二九次地制調答申：「主体拡大傾向」

まず初めに、第二七次、二八次、二九次の地方制度調査会の議論を概観したいと思います（図表1）。

○第二七次地方制度調査会「今後の地方自治制度のあり方に関する答申」（二〇〇三）

二七次の地制調についてですが、これは平成の大合併のさなかから、その後を見据えてというタイミングでの答申でありました。つまり、市町村合併が推進されていく中で、それを今後どのように着地点を見出していくのか、あるいは市町村合併によってもなお残った、いわゆる一万人以下の小規模な町村をどう扱うのかということが議論されていました。

その過程で総合的行政主体という文言が出てくるわけですが、補完性の原理の考え方に基づいて基礎自治体優先の原則ということをこれまで以上に実現していくことが必要であって、それは住民に最も身近な総合的行政主体として基礎自治体が担っていくという議論がされていたわけです。従って、市町村の規模や能力の拡充ということから、合併については引き続き推進をしていくという論調でありました。その中で当然ながら、フルセット主義ということも求められていたわけです。

また、二七次の地制調では、いわゆる西尾私案が非常に議論になりました。まだ私も記憶に新しいところですが、この西尾私案、いわゆる特例町村制については西尾先生が後日、ご本人が説明をされておられるのですが、限定の対象にしていたのは義務的事務と任意的事務のうち義務的事務の領域であったとのことです。ですので、任意的事務の領域について、その部分の自治権を制約するという意図は全くなかったというふうにおっしゃっています。当時、かなりこの議論がさまざまなところであって、特に町村の方からは反対の声も大きかったと思われますけれども、西尾先生はそれは誤解であったというような述懐をされていらっしゃいます。

○第二八次地方制度調査会「道州制のあり方に関する答申」（二〇〇六）

それから二八次は、「道州制の在り方に関する答申」ですが、これ

図表１　地方制度調査会答申における議論の変遷（１）（筆者作成）

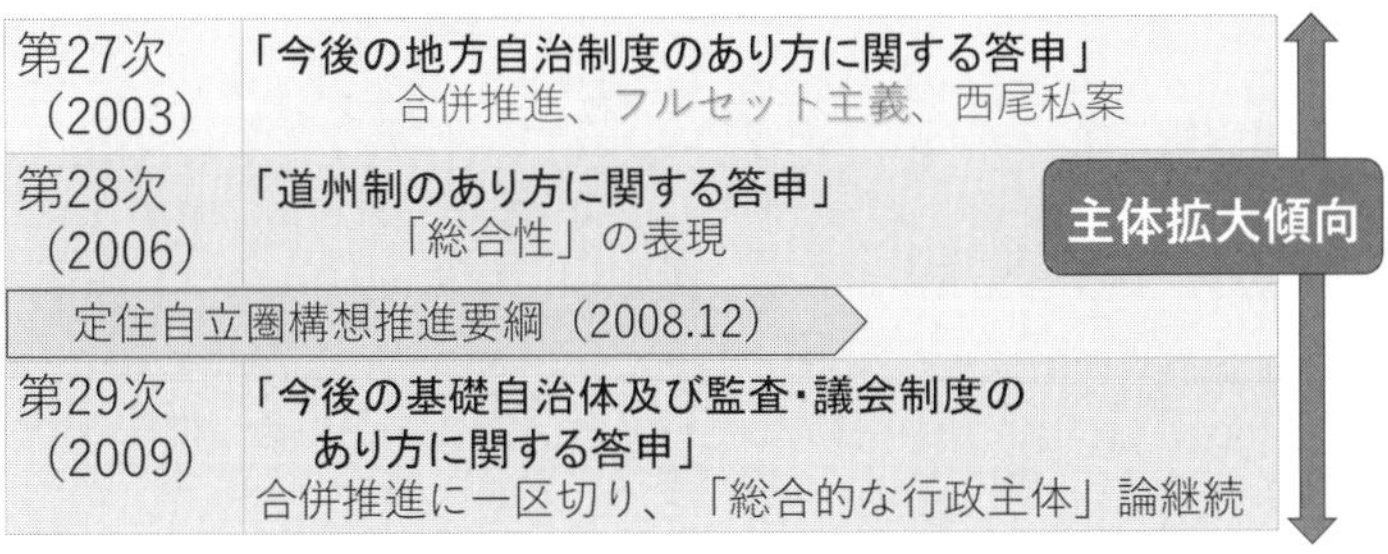

は少しここだけ色合いが違うわけです。当時、政治的なイシューと結び付いてこの答申が出されたものと思われます。前文の中では、地方分権を加速させ、国家としての機能を強化し、力強く効率的な政府を実現する、そのために道州制ということが望ましいのだという論調になっております。

二八次の答申の中では道州というものを広域自治体として現在の都道府県に代えて置くとされているわけですが、その中で、道州は基礎自治体たる市町村と適切に役割分担しつつ、地域における行政を自主的かつ総合的に実施していく役割を広く担うということが述べられています。

○第二九次地方制度調査会「今後の基礎自治体及び監査・議会制度のあり方に関する答申」（二〇〇九）

それから二九次の答申ですが、こちらでは、今後の基礎自治体及び監査・議会制度のあり方に関する答申ということで、二七次の地制調で示された姿、すなわち今後の基礎自治体は、住民に最も身近な総合的な行政主体としてこれまで以上に自立性の高い行政主体となることが必要、ということが引き続き今後も妥当だということが述べられています。

ですけれども、全国的な合併推進には一区切りを打つということで、今後どのように進めていくのかということでいいますと、広域連携の積極的な活用を促すために、例えば事務の共同処理の仕組みや機関等の共同設置などをもっと使いやすくしていくべきではないかということが述べられているわけです。

この三つの答申の特徴を私なりに考えてみますと、主体としての自治体がどこまで拡大をしていくのかということが議論の主眼となって答申が述べられている。それが「総合性」という中で表現されていると受け止めることができます。あくまでも「主体拡大傾向」であるということです。

自前でのフルセット主義が求められている中での「主体拡大傾向」が二九次までは一定程度保持されていると見てとれるわけですが、二八次と二九次の間のタイミングで「定住自立圏構想」というものが入ってくるわけです。これが後々どのような意味を持ってくるのか、この地制調の議論と同じ延長線上でこういった議論を捉えていいのかどうかはこの報告の後半でまた述べたいと思います。

三―二　第三〇次～第三二次地制調答申：「手段多様化傾向」

次に、三〇次から三二次までの地制調の答申の特徴を大まかにみていきたいと思います（図表2）。

○第三〇次地方制度調査会「大都市制度の改革及び基礎自治体の行政サービス提供体制に関する答申」（二〇一三）

三〇次は「大都市制度の改革」ということがメインになっているわけですが、この答申から「総合性」という文言がなくなってくるわけです。議論のトーンが少し変わってくると感じております。その代わりに「集約とネットワーク化」という表現が出てきます。この「集約とネットワーク化」に関しても、後々、この報告の中で注視をしていきたいと思いますが、この三〇次の地制調の答申の中では新たな広域連携ということをこれからは進めていく必要があるということと、その中でも都道府県の補完ということについても、もう少し可能性を考えていくべきということが述べられています。

また、「定住自立圏構想」が進んでいる中でしたので、これは一定程度成果を見ているものの、さらに柔軟な連携を可能とするような仕組みを制度化すべきではないかという表現がありまして、これを受けて、この後、地方自治法で連携協約の仕組みができていくわけですが、その土台づくりがこの三〇次の地制調の中で話されていると見て取れます。

○第三一次地方制度調査会「人口減少社会に的確に対応する地方行政体制及びガバナンスのあり方に関する答申」(二〇一六)

それから次に、第三一次の地制調の答申ですが、これは「人口減少社会に的確に対応する行政体制、ガバナンスの在り方」という答申でしたが、ここにも「総合性」の文言はなかったわけです。この時点では既に三〇次の地制調の答申を受けまして連携協約の仕組みが地方自治法の中にできておりましたので、これらをはじめとして事務の共同処理の仕組みを活用しつつ、広域連携をさらに推進していくべきというような表現がされています。また、この連携協約の取り組みを基にした「連携中枢都市圏」についても言及があり、人口減少社会を見据えて、広域連携等による行政サービスの提供の必要性が述べられているわけです。

図表2　地方制度調査会答申における議論の変遷(2)(筆者作成)

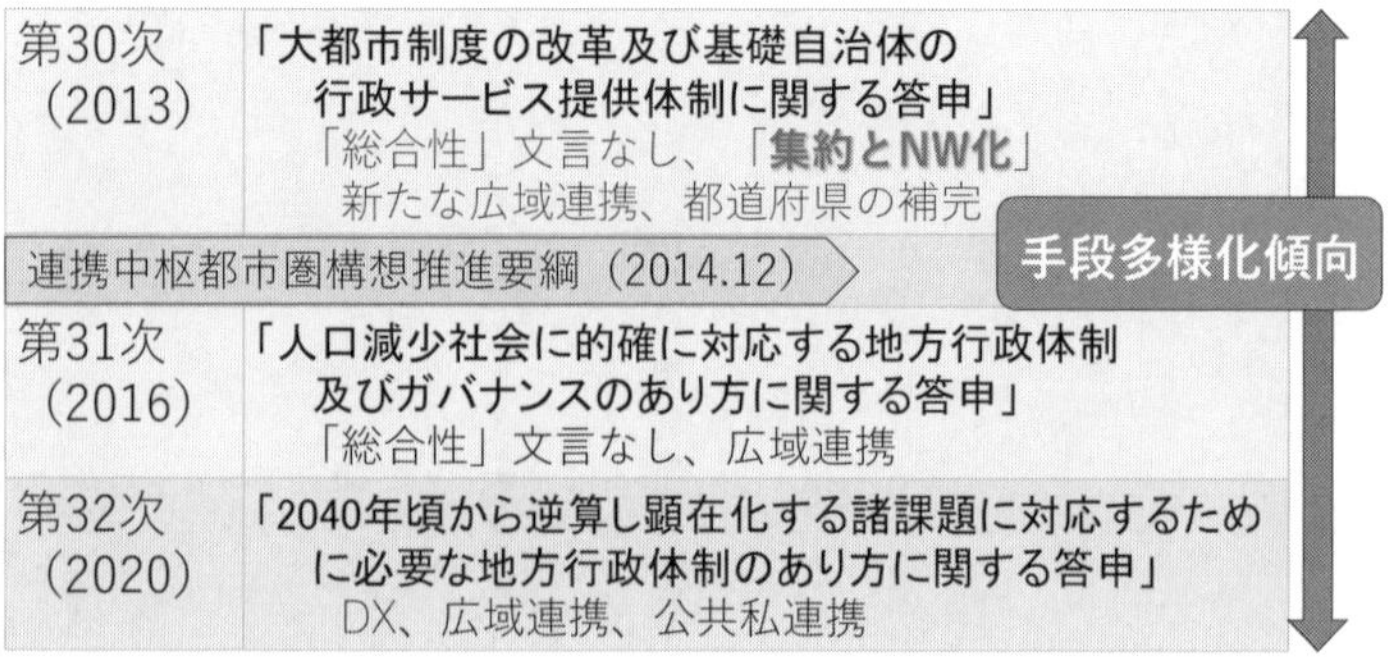

第30次 （2013）	「大都市制度の改革及び基礎自治体の 　行政サービス提供体制に関する答申」 「総合性」文言なし、**「集約とNW化」** 新たな広域連携、都道府県の補完	手段多様化傾向
連携中枢都市圏構想推進要綱（2014.12）		
第31次 （2016）	「人口減少社会に的確に対応する地方行政体制 　及びガバナンスのあり方に関する答申」 「総合性」文言なし、広域連携	
第32次 （2020）	「2040年頃から逆算し顕在化する諸課題に対応するため 　に必要な地方行政体制のあり方に関する答申」 DX、広域連携、公共私連携	

○第三二次地方制度調査会「２０４０年頃から逆算し顕在化する諸課題に対応するために必要な地方行政体制のあり方に関する答申」（二〇二〇）

それから三二次の地制調、これは「２０４０年頃から逆算し」というものになりますけれども、この中ではＤＸ、広域連携、公共私連携ということが取り上げられているわけですが、例えばこの広域連携につきましては、地方公共団体の事務処理について計画段階と執行段階に分けて表記がされている中で、執行段階ではさまざまな仕組みによって既に広域連携の手法が活用されてきているということが指摘されていますが、計画段階でもこういったものが、例えば地域の未来予測の整理などを踏まえてなされていくべきということが述べられています。

三三次は今、動いておりまして、現時点では地方議会に関する答申は出されていますが、地方行政体制に関する部分ではまだ答申が出ておりませんけれども、この三〇次から三二次までを見ていきますと、これらの答申というのは、先ほどのものと比べますと主体そのものを拡大させるという議論ではなく、拡大するための手段が多様化してくるという傾向があるのではないかと考えています。主体としての拡大、合併等についてはこの時点ではこれ以上進めることは難しいであろうということで、主体を拡大させるための手段が多様化していく傾向が見て取れるということです。

ただ、三〇次、三一次の間にも、ここでまたくさびのように「連携中枢都市圏構想」というものが入ってくるわけです。こちらについても注視をしていきたいと思います。「総合性」という概念がともすると拡大傾向を有する特質があるということは言えると思うのですが、この「圏域」についても拡大ということと非常に近しい動きになりがちですので、これについては注意が必要ではないかと思います。やはり、この地制調の議論と同列とはみなせないのではないかというのが私の報告の趣旨の一つでもあります。
では次に、「総合性」の文言を巡る議論をご紹介し、検討したいと思います。

四 「総合性」をめぐる議論

江藤俊昭先生の総合性の議論をここでご紹介し、検討していきたいのですが、江藤先生ご自身は二九次と三〇次の地制調の委員でいらっしゃいました。江藤先生の整理によりますと、二〇〇〇年初頭以前は自治体の「総合性」というのはアルファ「縦割りではないこと」、またはベータ「政策過程全体にわたって一貫して行うこと」ということを指しており、これは先ほどの松本先生の逐条解説と同様の理解だと思われます（図表3）。ただ、これが、二〇〇〇年初頭以後は意味転換をしてきたと表現されています。新規に総合的な行政主体、これは基礎自治体であるという文言として位置付けられたということです。ここでもってフルセットを担う市町村というふうに意味転換がなされたと述べておられます。

ですが、二〇一三年以降は、これがさらに「意味転換が是正された」という表現をされています。つまり、新規のところで意味転換されたものが、今日はそれが是正されて、「自治体間連携・補完によって、『総合的な行政主体』から離脱できるようになった」と表現されておられます。しかしこれについては、やや楽観的な理解ではないかなと思うところです。これについて説明させていただきます。

つまり、この「総合性の意味転換について是正された」という部分ですけれども、これについては、江藤先生は「集約とネットワーク化」という言葉で説明されていらっしゃいます。ただ、この「集約とネットワーク化」については、やや注意を要するのではないかと思うところです。つまり、「集約とネットワーク化」という言葉を是認すると、周辺自治体というものを生み出してしまうことになるのではないか。ですから、「総合性」という名の下に、仮にこういった周辺自治体というものが生み出されるのであるとすると、その周辺自治体の自己決定権はどうなるのかということです。そういったところを大変心配してしまうということです。

また、この周辺自治体というものが出てくるというのは、先ほどの注意をしたいと申し上げた二つの「圏域」構想と非常に密接につながってくるということです。この部分については特に留意してみていく必要があるのではないかと思います。すなわち、この「総合性」の議論と「圏域」構想の議論は同じ流れの中で捉えるべきではないのではないかということです。

図表３　「総合性」の意味転換（江藤 2015）

	自治体の「総合性」
従来 （2000年初頭以前）	α縦割りではないこと β政策過程全体にわたって一貫して行うこと ＊市町村だけではなく都道府県も対象となる ＊βは新規に連動する可能性もある
新規 （2000年初頭以後）	総合的な行政主体 ＝「基礎自治体」（フルセットを担う市町村）
今日 （2013年以降）	**「総合的な行政主体」からの離脱** **＝自治体間連携・補完** 総合性の意味転換の「是正」

五　「圏域」議論の整理

では、特に注意して見たいということで申し上げました「圏域」議論について、これから簡単に整理をしていきたいと思います。

五―一　定住自立圏

まず一つ目に、「定住自立圏」です。「定住自立圏」の登場は、その前段に一九六九年から広域行政圏というものが存在していましたが、その役割が終了したということが最も大きいわけです。この広域行政圏については時代の要請の中で、右肩上がりの時代の地域振興を目指していた中で出てきたわけですけれども、それが平成の大合併の影響で広域行政圏を構成していた市町村数が減少していき、加えて平成の大合併の成果によって広域的な市町村が発生したということによって広域行政圏が役割を終えていくことになります。そうしたタイミングで二〇〇八年に「定住自立圏構想研究会報告書」が出されることによって、これ以降、定住自立圏が新たな圏域として進められていくことになるわけです。

そして二〇〇八年の一二月に先ほどの報告書を受けて「定住自立圏構想推進要綱」が示されるわけですが、人口五万人程度の地方都市にある程度都市機能を集約し、これを中心市として周辺市町村と連携・協力し自立した広域定住圏を形成するというものです。これが現時点では、宣言中心市が一四〇市、それから定住自立圏が既に一三〇圏域形成されています。

図表4が「定住自立圏」構想の推進について総務省が作成している資料になります。

「定住自立圏」構想の中で求められる役割としては大きく三つあります。一つ目が市町村間の役割分担による生活機能の強化、次に市町村間の結び付きやネットワークの強化、それから圏域マネジメント能力の強化ということになっています。これが既にさまざまなところで取り組まれていまして、例えば医療、福祉、教育、地域公共交通、ICTインフラ整備、それから合同研修や人事交流というようなところで活

図表4　定住自立圏構想の推進（総務省HPより）

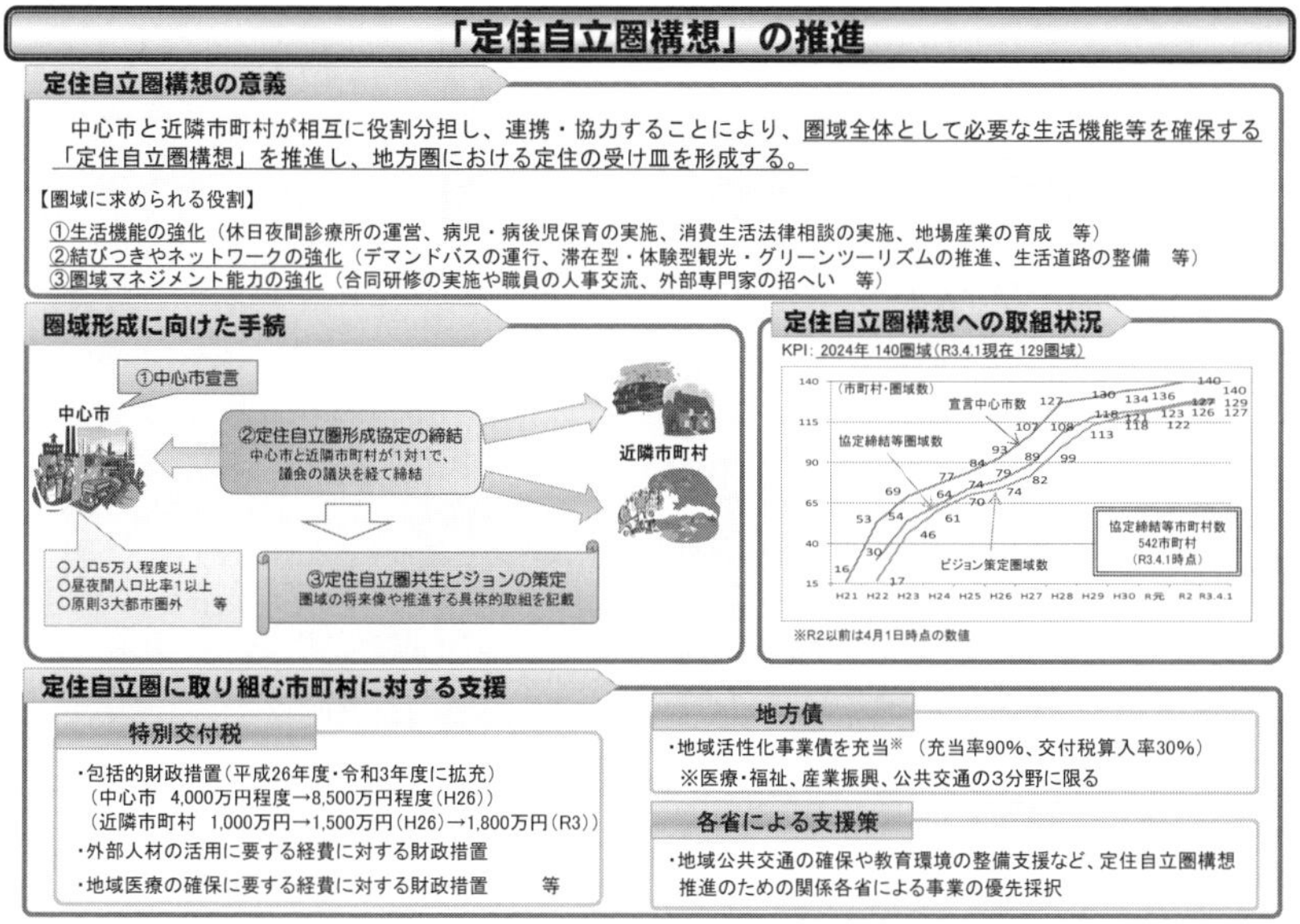
「定住自立圏構想」の推進
定住自立圏構想の意義
中心市と近隣市町村が相互に役割分担し、連携・協力することにより、圏域全体として必要な生活機能等を確保する「定住自立圏構想」を推進し、地方圏における定住の受け皿を形成する。
【圏域に求められる役割】
①生活機能の強化（休日夜間診療所の運営、病児・病後児保育の実施、消費生活法律相談の実施、地場産業の育成　等）
②結びつきやネットワークの強化（デマンドバスの運行、滞在型・体験型観光・グリーンツーリズムの推進、生活道路の整備　等）
③圏域マネジメント能力の強化（合同研修の実施や職員の人事交流、外部専門家の招へい　等）
圏域形成に向けた手続
①中心市宣言
中心市
②定住自立圏形成協定の締結
中心市と近隣市町村が1対1で、議会の議決を経て締結
近隣市町村
○人口5万人程度以上
○昼夜間人口比率1以上
○原則3大都市圏外　等
③定住自立圏共生ビジョンの策定
圏域の将来像や推進する具体的取組を記載
定住自立圏構想への取組状況
KPI：2024年 140圏域（R3.4.1現在 129圏域）
（市町村・圏域数）
宣言中心市数
協定締結等圏域数
ビジョン策定圏域数
協定締結等市町村数
542市町村
（R3.4.1時点）
H21 H22 H23 H24 H25 H26 H27 H28 H29 H30 R元 R2 R3.4.1
※R2以前は4月1日時点の数値
定住自立圏に取り組む市町村に対する支援
特別交付税
・包括的財政措置（平成26年度・令和3年度に拡充）
（中心市　4,000万円程度→8,500万円程度（H26））
（近隣市町村　1,000万円→1,500万円（H26）→1,800万円（R3））
・外部人材の活用に要する経費に対する財政措置
・地域医療の確保に要する経費に対する財政措置　等
地方債
・地域活性化事業債を充当※（充当率90%、交付税算入率30%）
※医療・福祉、産業振興、公共交通の3分野に限る
各省による支援策
・地域公共交通の確保や教育環境の整備支援など、定住自立圏構想推進のための関係各省による事業の優先採択

図表5　定住自立圏における取組例（総務省HPより）

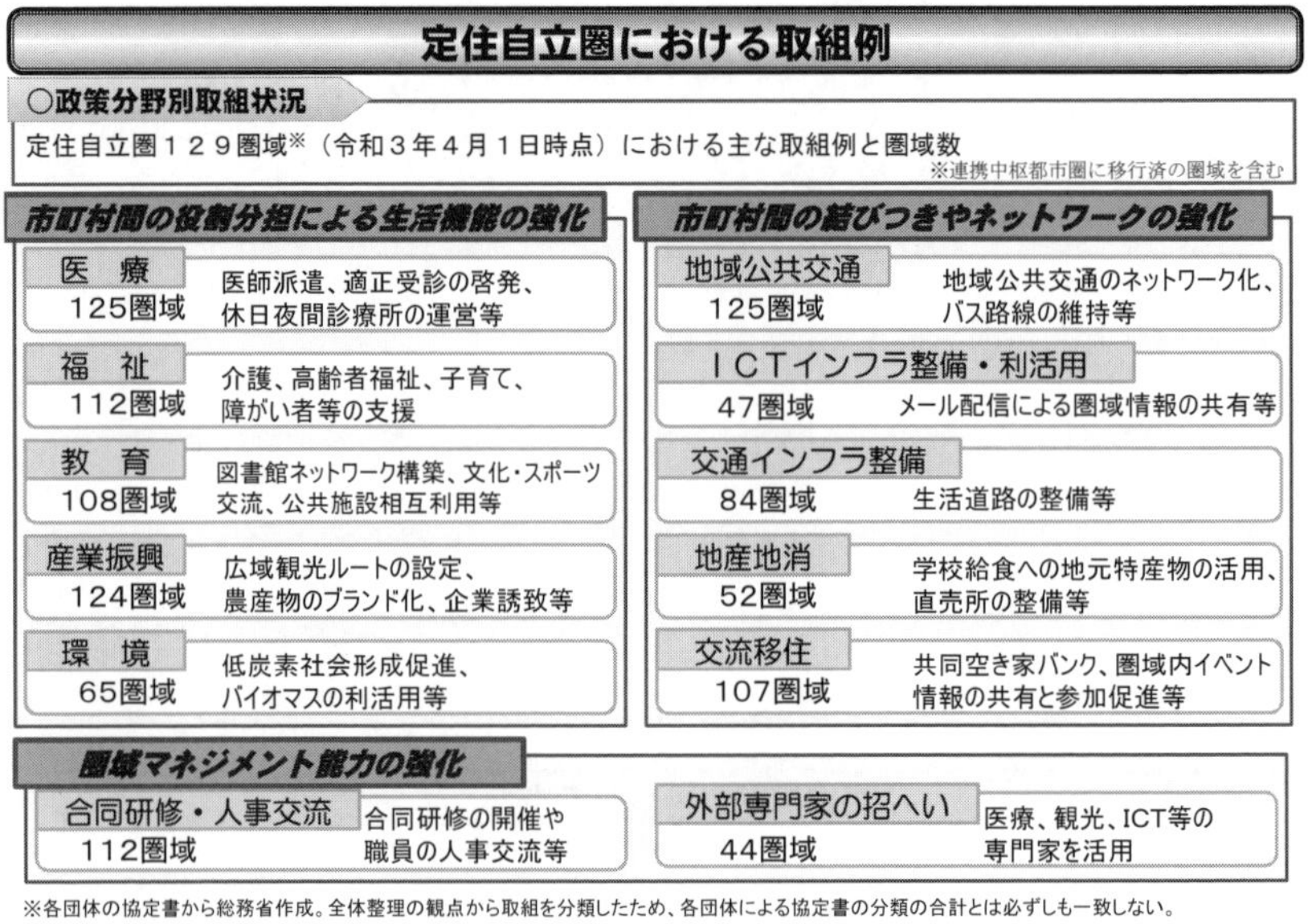

○政策分野別取組状況

市町村間の役割分担による生活機能の強化

分野	取組例
医療 125圏域	医師派遣、適正受診の啓発、休日夜間診療所の運営等
福祉 112圏域	介護、高齢者福祉、子育て、障がい者等の支援
教育 108圏域	図書館ネットワーク構築、文化・スポーツ交流、公共施設相互利用等
産業振興 124圏域	広域観光ルートの設定、農産物のブランド化、企業誘致等
環境 65圏域	低炭素社会形成促進、バイオマスの利活用等

市町村間の結びつきやネットワークの強化

分野	取組例
地域公共交通 125圏域	地域公共交通のネットワーク化、バス路線の維持等
ICTインフラ整備・利活用 47圏域	メール配信による圏域情報の共有等
交通インフラ整備 84圏域	生活道路の整備等
地産地消 52圏域	学校給食への地元特産物の活用、直売所の整備等
交流移住 107圏域	共同空き家バンク、圏域内イベント情報の共有と参加促進等

圏域マネジメント能力の強化

分野	取組例
合同研修・人事交流 112圏域	合同研修の開催や職員の人事交流等
外部専門家の招へい 44圏域	医療、観光、ICT等の専門家を活用

※各団体の協定書から総務省作成。全体整理の観点から取組を分類したため、各団体による協定書の分類の合計とは必ずしも一致しない。

用されています（図表5）。

五－二　連携中枢都市圏

それからもう一つの「連携中枢都市圏」です。第三〇次の地制調の中で、その前段となる連携協約についての前触れがございましたので、これを受けて進んでいくわけですが、この当時、総務省、国交省、経産省の中でそれぞれ圏域構想というものがばらばらに動いておりました。総務省では「地方中枢拠点都市圏構想」、国交省では「高次地方都市連合」、経産省では「都市雇用圏」というものです。これが最終的に総務省の「連携中枢都市圏構想」に統合されていった経緯がございます。

この中で、国交省の「高次地方都市連合」についてですが、これは「国土のグランドデザイン２０５０」において示されたもので、この中では「コンパクト・プラス・ネットワーク」というキーワードが出てまいります。これが「連携中枢都市圏構想」の中にも反映されていくことになります。

図表６が「連携中枢都市圏」についての総務省作成の資料になります。「連携中枢都市圏」の中で求められていることとしては大きく以下の三点です。①圏域全体の経済成長のけん引、それから②高次の都市機能の集積・強化、③圏域全体の生活関連機能サービスの向上ということになっています。こちらの中でも、コンパクト化とネットワーク化ということが掲げられていて、現時点で四〇市、三八圏域が進められているということです。

この「連携中枢都市圏」ですが、連携協約の使い勝手のよさが一つのメリットに

図表６　連携中枢都市圏の取組の推進（総務省 HP より）

連携中枢都市圏の取組の推進

連携中枢都市圏の意義とは

- 地域において、**相当の規模と中核性を備える圏域において市町村が連携**し、**コンパクト化とネットワーク化**により、**人口減少・少子高齢社会においても一定の圏域人口を有し活力ある社会経済を維持するための拠点を形成**

連携中枢都市圏に何が求められているのか

① **圏域全体の経済成長のけん引**
　産学金官の共同研究・新製品開発支援、六次産業化支援　等

② **高次の都市機能の集積・強化**
　高度医療の提供体制の充実、高等教育・研究開発の環境整備　等

③ **圏域全体の生活関連機能サービスの向上**
　地域医療確保のための病院群輪番制の充実、
　地域公共交通ネットワークの形成　等

連携中枢都市圏をいかに実現するか

- **地方自治法を改正**し、地方公共団体間の柔軟な連携を可能とする**「連携協約」の制度を導入**（平成26年11月1日施行）
- 平成26年度から、**連携中枢都市圏の形成等を推進**するため、国費により支援
- 平成27年度から、**地方交付税措置を講じて全国展開**

- **連携中枢都市圏形成のための手続き**

連携中枢都市宣言 ⇒ 連携協約の締結 ⇒ 都市圏ビジョンの策定

令和5年4月1日現在、
40市（38圏域）が連携中枢都市圏を形成
（近隣市町村を含めた延べ市町村数：**372**）

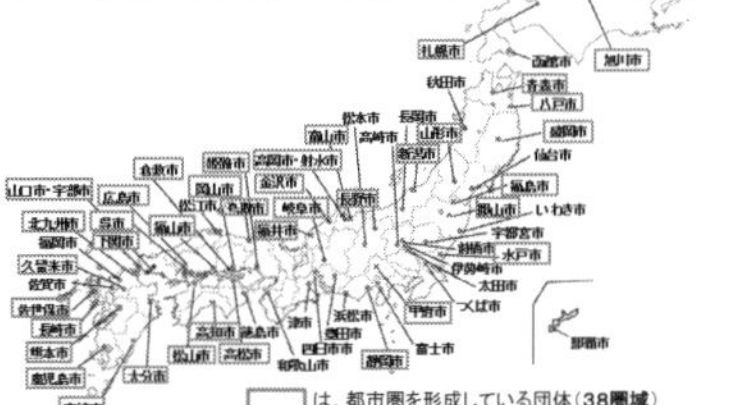

□ は、都市圏を形成している団体（**38圏域**）
● は、連携中枢都市の要件を満たす市（59市）
※中核市に移行していない市も含む

【連携中枢都市圏とは】
地方圏において、昼夜間人口比率おおむね1以上の指定都市・中核市と、社会的、経済的に一体性を有する近隣市町村とで形成する都市圏

※ただし、隣接する2つの市（各市が昼夜間人口比率1以上かつ人口10万人程度以上の市）の人口の合計が20万人を超え、かつ、双方が概ね1時間以内の交通圏にある場合において、これらの市と社会的、経済的に一体性を有する近隣市町村とで形成する都市圏についても、連携中枢都市圏と同等の取組が見込まれる場合においては、これに該当するものとする。

なっております。政策面での役割分担について自由に盛り込めるとか、別組織をつくらない、例えば一部事務組合などでしたら別組織になりますので、意思決定が遅いというようなことがあるわけですけれども、これが迅速にできるということです。それから、連携協約については連携中枢都市と連携市町村が一対一のバイで締結できる、そして、連携も安定的になるというようなことがメリットとして言われているところです。

それから、国による財政支援も、圏域の中では連携中枢都市に対しては非常に手厚いことが特徴の一つになっております。普通地方交付税のみならず特別地方交付税も中枢都市には手厚く投入されるわけですが、連携市町村の周辺部についてはそうでもないというところが特徴でもあります。

そして、「定住自立圏」と比べますと中心都市の人口が二〇万人以上と非常に大きいというところも特徴です。それから経済成長のけん引が目的になっているのですが、「定住自立圏」にしましても「連携中枢都市圏」にしても、いずれもコンパクトな地域圏を創出するということが狙いになっておりまして、三大都市圏への人口流出を防ぐ、つまり「人口のダム」として機能することが狙いとして掲げられているわけです。ですけれども、これは本当に「人口のダム」として機能しているかどうかということを批判する意見もあり、これからそれらを検討していきたいと思います。

六　「圏域」議論についての懸念・課題

六—一 「人口のダム」としての機能を果たしていない

これから「圏域」議論についての懸念や課題ということでみていきたいと思います。

一つ目は「人口のダム」と言っているけれども、その機能を果たしていないのではないかという批判です。これは多方面から批判がございまして、例えば吸水ポンプ型の都市になっているのではないか。ダムとしてせき止めているのではなくて、あたかも吸水ポンプのように周辺地域から人口を吸収して、例えばその後東京特別区へ流出するような広域中心都市へと人を移す、あるいは広域中心都市へ流出するような県内中心都市へ移す。そういう役割となっているのではないかというようなご批判もあります。あるいはストロー効果ですね。小規模圏から大規模圏にストローのように人口を吸い上げているだけではないのかという分析に基づいたご批判があるわけです。

それから、これは「定住自立圏」の共生ビジョンを策定した実際の圏域の中心市、平成三一年四月当時の一一四市に対して総務省が調査を行い[1]、回答率一〇〇％になっているものですが、「定住自立圏構想」の推進に取り組んだことによって効果があったものとして回答があった項目中の最下位とし

1　調査名：「定住自立圏構想の推進に係る取組状況及び取組の効果に関する調査」
調査主体：総務省自治行政局地域自立応援課
調査対象：平成三一年四月一日時点で定住自立圏共生ビジョンを策定している圏域の中心市（連携中枢都市圏に移行済みの圏域を除く一一四圏域の中心市）
調査時期：令和元年七月八日～七月二六日、回答状況：一一四圏域中一一四圏域（回答率一〇〇％）

て、「人口流出を食い止められた」との回答があり、これは全体の一〇・五％だけという結果になっています。

また、日弁連も「定住自立圏構想」、そして「連携中枢都市圏構想」についてはかなり批判的な声明を出しています。実際に分析、調査をなさった中で、人口減少が止まるには至っていない。むしろ人口減少率が上昇したり、人口増加率が低下しているというような状況があるということも指摘されています。あるいは社会減を記録しているのは、二〇一五年では四六圏域中二九圏域という調査結果が出ております。[2]

六―二　周辺市町村の衰退を助長するのではないか

それから、もう一つの懸念、課題ですが、周辺市町村の衰退を助長するのではないかということです。これは先ほど申し上げた財政措置が、中心部には非常に手厚いということです。[3]また、先ほども指摘しましたがコンパクト・プラス・ネットワークということについても、非常に懸念として指摘されている研究もありまして、この新たな「圏域」づくりと連動するのは、例えば公共施設の統廃合であったり、あるいは医療の再編とか公立学校の統廃合ということになりますので、こういった統廃合を受け入れる準備があるかどうかということです。つまり、基礎自治体がフルセット型の行政から転換を図るということにはなるわけですけれども、特にマイナスの部分を受け止めなければいけないのが周辺自治体になっているということです。

六―三　連携市町村の立ち位置（従属性）、自治の脆弱化

それから、連携市町村の立ち位置、従属性あるいは自治の脆弱《ぜいじゃく》化ということについてもさまざまな批判、指摘があるわけです。連携協約はバイで締結できるということになっておりますが、一方で、連携中枢都市が策定した圏域のビジョンには組み込まれていくということになりますので、ビジョンで求められる役割はある程度受け入れなければならないということになります。

2　二〇〇九～二〇一二年に定住自立圏形成協定を締結した四六圏域のうち、九圏域では人口減少率が若干低下しているが、人口減少が止まるには至っていない。他の圏域（三七圏域）では一貫して人口減少率が上昇、または増加率が低下している。
調査名：「定住自立圏・連携中枢都市圏の人口動態についての統計分析」
調査主体：日本弁護士連合会
調査対象：定住自立圏域一一七圏域（二〇二〇年四月一日）のうち、連携中枢都市圏へ移行したものを除き、二〇〇九～二〇一二年に定住自立圏形成協定を締結した四六圏域（合併一市圏域を除く）
調査手法：二〇一〇年国勢調査以前（二〇〇九年四月一日～二〇一〇年九月三〇日）に定住自立圏形成協定を締結した二一圏域については二〇〇〇年～二〇一五年、二〇一〇年国勢調査以後（二〇一〇年一〇月一日～二〇一二年一二月三一日）に定住自立圏形成協定を締結した二五圏域については二〇〇五年～二〇一五年の国勢調査を使用。

3　財政措置の違いとしては(特別交付税、包括的財政措置、年間)、定住自立圏では中心市八五〇〇万円、連携市町村一五〇〇万円程度、連携中枢都市圏では中枢都市二億円、連携市町村一五〇〇万円程度となる（但し面積その他の規模によって異なる)。

また、連携中枢都市による公共サービスに権限、資源が集約されますけれども、これによって周辺の連携市町村の個別利益はどうなるのかということです。自己決定権が抑制されるのではないか、ひいては、圏域マネジメントのガバナンスが民主的・自治的ではなく、機能不全ということになるのではないかという批判も多方面から出ているところです。

七　論点提示：まとめ

最後の論点提示とまとめに入らせていただきます。

このように、「総合性」の議論、それから「圏域」の議論ということに注視しながらみてきたわけですけれども、最後に、何にとっての「総合性」か、という観点から議論を収束させていきたいと思います。

七―一　他律的な「総合性」から自律的「総合性」へ（図表7）

二七次から二九次までの地制調での議論は、「他律的な総合性」が要請されていたとしてまとめることができるのではないかと考えています。つまり、自前でのフルセット主義ということが国から求められていたということでもありますが、これは制度的な要請でもありました。この中で、合併による大市町村主義などの主体拡大傾向が見て取れたわけですし、また画一的な要請ということがあったわけです。

ですけれども、三〇次以降の地制調の答申については、「自律的な総合性」という方向に論調が変わってきているのではないかということを申し上げたいと思います。つまり、「総合性」を求めていくとしても、ある程度手段の自己選択ができるということです。連携をするのか、あるいは補完を求めるのかということでもあります。こういった総合性というのは実質的でもあり、機能的でもあり現場的でもあるということです。そして、手段の多様化の傾向ということが見て取れるなかで、多様性が容認されていくという方向性にこれからなっていくのではないかということでもあります。

それといいますのも、やはり人口減少時代において物理的な拡大の限界値が存在するということです。例えば「総合性」という名の下に権限移譲が進むなかで、県からも市に対して事務移譲ということが進んできておりますが、これ以上はとても無理だというような基礎自治体も中にはあると伺っております。職員数も減少してきている中でやみくもな拡大志向はもう限界にきているのではないかということです。

図表７　他律的「総合性」から自律的「総合性」へ　（筆者作成）

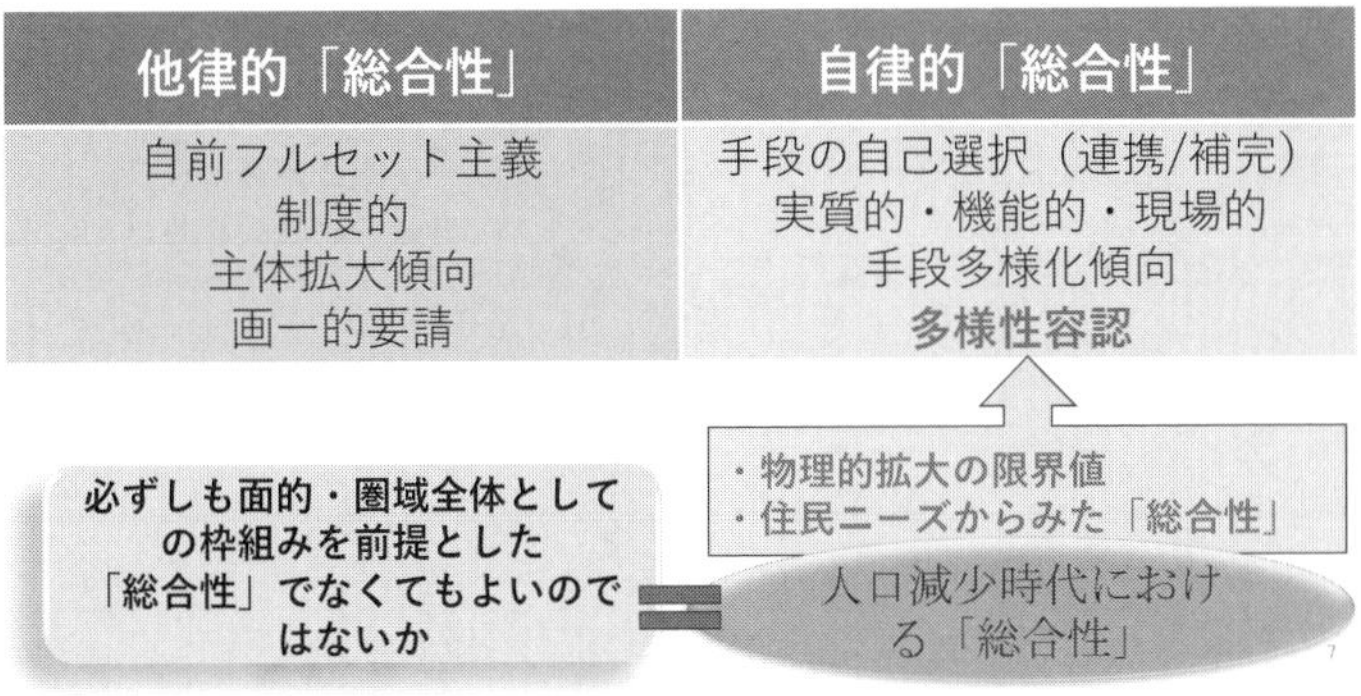

そうであるとすると、今後の「総合性」はどういう観点から考えられるかというと、住民ニーズから見て、どのような「総合性」が必要になってくるのかということを、それぞれの自治体が自己選択をしていくということです。いうなれば、「住民本位の総合性」と表現できるかと思います。例えば圏域という中で、必ずしも面的、圏域全体としての枠組みを前提とした「総合性」ということでなくてもよいのではないかということを申し上げたいと思います。

例えば圏域全体ということを考えると、周辺自治体をつくり出してしまうとか、ガバナンスの問題ですとか、住民から距離が遠くなるというような問題の解決は非常に難しいということになってきます。また、圏域全体としてはＫＰＩの達成ということも必要になってきますので、屋上屋ということにもなりかねません。ですので、こういった「圏域」ありき、枠組みありきということではなくて、もう少し柔軟な自己選択に基づく「総合性」が希求されていってもいいのではないか。これが人口減少時代における「総合性」ということになるのではないかということを申し上げたいと思います。

こういった多様な自律的総合性は、既にある程度表出してきています。既に連携は多方面で多様化してきていることが現状としてもございます。例えば広域連合による施設の共同設置でいいますと、中芸広域連合では公立体育館や広域ごみ処理施設等の設置が、つがる西北五広域連合では公立病院の再編・ネットワーク化などが行われています。また、県境をまたいだ連携の例では、県境をまたいだ定住自立圏や複数の定住自立圏の重なりが見られたりですとか、都道府県による補完ということでは長野県や静岡県、奈良県等において既に大変手厚くなされているような事例です。例えば奈良県における、市町村同士または奈良県と市町村の連携・協働の仕組みである「奈良モデル」も非常に有名です。こういった非常に手厚い補完ということも既に模索されているわけです。

七―二　自主的・自立的な枠組み・手法の検討

二点目の論点ですが、これも先ほど来、申し上げていることですが、自主的、自立的枠組みの手法というものがこれからもっと検討されていってもいいのではないかということです。多方向、多元的な広域連携の可能性です。これはいわゆるネットワーク・ガバナンスということにつながっていくと考えられます。その時に重要になってくるのが対等・平等な関係性の構築、そして、あくまでも市町村の自己選択ということが大前提ではないかと思われます。枠組みありきではなく、テーマごとの連携ということが模索されていってよいと思われるところです。

七―三　連携と集積は必ずセットか？

最後に、これは私の問いかけでもありますが、連携と集積は必ずセットであるべきかどうかということについて、やや疑問に思っておりますので、ここでお示ししたいと思います。

これは、先ほど申し上げた集約とネットワーク化ということにも関係するのですけれども、どうしてもこれまでは集約とネットワークがセットで述べられるわけですが、集積が連携の必要条件とまでは言えないのではないかと思っております。つまり、集積を伴わずに地域自治や住民自治をおろそかにしない連携ということもあり得るのではないかということです。これは行政サービスの提供者としての能力と自治の枠組みというのは異なってもいいのではないか、このようなケースもあるのではないかということです。総合性確保のための手段としての連携ということは、もちろん、これからもあると思われますし、容認されるとしても、そこに集積が必ず伴わなくともいいのではないかということです。

今年の七月に閣議決定されました国土形成計画の中では、「地域生活圏」という概念が登場しておりました。これについてもこれから注視していきたいなと思っているところです。この地域生活圏に関する表現の中で「フルセット型でそろえる従来の生活圏の発想にこだわらず」というような表現がありまして、国交省としてはどこまでこれを現実的に考えていらっしゃるかというようなことも含めて、今後これに注視していきたいと思っているところです。

以上、拙い報告でございましたが、ご清聴ありがとうございました。

【参考文献】

市川喜崇（二〇一二）『日本の中央―地方関係：現代型集権体制の起源と福祉国家』法律文化社
今井照（二〇〇八）『「平成大合併」の政治学』公人社
今井照（二〇二二）「地方制度調査会研究の論点―21次～32次を中心として」『自治総研』通巻五二二号
牛山久仁彦（二〇一八）「圏域マネジメントと地域自治」『ガバナンス』二〇九号
江藤俊昭（二〇一五）「基礎自治体の変容―住民自治の拡充の視点から自治体連携・補完を考える―」日本地方自治学会編『地方自治叢書27　基礎自治体と地方自治』
金井利之（二〇〇七）『行政学叢書③自治制度』東京大学出版会
木佐茂男（二〇一五）『国際比較の中の地方自治と法』日本評論社

榊原秀訓（二〇一六）『地方自治の危機と法―ポピュリズム・行政民間化・地方分権改革の脅威』自治体研究社
白藤博行（二〇一三）『新しい時代の地方自治像の探求』自治体研究社
外川伸一（二〇一六）「「地方創生」政策における「人口のダム」としての二つの自治制度構想―連携中枢都市圏構想・定住自立圏構想批判―」『大学改革と生涯学習―山梨学院生涯学習センター紀要―』二〇号
新川達郎（二〇二〇）「圏域マネジメント論とこれからの地方自治：２０４０問題と第30〜32次地方制度調査会の検討から」同志社大学政策学会『同志社政策科学研究』第二一巻第二号
日本弁護士連合会（二〇二〇）「第32次地方制度調査会で審議中の圏域に関する制度についての意見書」
平岡和久（二〇一六）『「地方創生」政策と連携中枢都市圏構想』『住民と自治』六三六号
松本英昭（二〇一八）『要説地方自治法―新地方自治制度の全容』ぎょうせい
森川洋（二〇一五）「連携中枢都市圏構想の問題点」『都市問題』一〇六号
森川洋（二〇一六）「連携中枢都市圏構想の問題点について再度考える」『自治総研』通巻四五七号

金井：入江さん、どうもありがとうございました。

他律的総合化という概念を示していただきました。他律的総合性から自律的総合性へという話と、そもそもネットワークというのは、中心がないイメージなのに、なぜ集積が必要なのかという、かなり根源的な問題提起をいただいたと思います。後ほどまた討論があるかと思います。

それでは、続きまして、内海さんの報告をお願いいたします。

報告②

都市計画における「総合性」

内海　麻利（駒澤大学法学部教授）

駒澤大学の内海でございます。このたびはこのような報告の場をご提供くださいまして、ありがとうございます。また、このシンポジウムのご準備をされた方々、ご苦労さまです。感謝申し上げます。早速、報告をさせていただきたいと思います。まず、本シンポジウムの問題関心と私の報告に与えられた課題を確認させていただきます。

○—一　本シンポジウムの趣旨

本シンポジウムの趣旨は、地方分権改革によって自治体が事務を総合的に担うということが期待されたのだが、それが可能になっているのか、限界などはあるのかなど、自治体の総合性の在り方を模索するというものだったと捉えております。そこで、総合性の実態やその在り方を都市計画の立場から検討せよというのが私に与えられた課題であると考えています。

「総合性」とは、一般に、「ある体系のもとに全体として大きく一つにまとめられているさま」（日本国語大辞典）とされています。ただし、ここでいう自治体の総合性というのは、入江先生のご報告のとおり、移り変わりがあり、本シンポジウムが目指す総合性を私自身も十分に理解できているわけではありませんので、私の報告では、「総合的都市計画」の実現という観点から、次のような検討をしてみたいと思います。

まずは、検討の前提として、都市計画がどのような構成要素によって成り立っており、どのような性質を持っているかという点を紹介したいと思います（本章一節）。そして、総合性にかかわる現在の日本の都市計画制度の構造的な問題をご紹介し（本章二節）、日本が直面する人口が減少して経済が縮小する「縮減社会」における都市計画の問題をご紹介します（本章三節）。

その上で、これらの問題を解決するために「管轄」と「制御」を議論すべきではないかという問題関心から、現在、研究会を立ち上げ研究をしている議論の内容を総合性の観点を踏まえて紹介し、今後、自治体の総合性を議論する素材として、総合的都市計画を実現するための前提と方策を示したいと思います（本章四節以降）。

一　検討材料としての「都市計画」の構成要素と性格

それではまず、検討材料としての都市計画の構成要素と性質について紹介します。

都市計画の定義

都市計画の定義は諸説ありますが、古来、「都市計画」とは、都市の目標像を描くプラン（計画図）そのものと、プランづくり（計画図を作成する行為）を意味するとされていました。

それが、徐々に、プランを作成するだけでは不十分であって、プランと各種の実現手法を密接に関連付け、全体として実行することが重要視されるようになります。つまり、近代都市計画以降、プランに基づいて行われる規制や事業までも包含した実現手法が強調されて、今日、都市計画は、「都市のプランをつくり、それを実現するための技術体系」として定義され、理解されています。言い換えれば、現在の都市計画というのは、一定の法的効力を持った総合的な計画とこの計画に基づいて行われる規制や事業などの政策コントロールを行う実現手法（技術体系）によって成り立っているのです。

都市計画の性質

それでは、都市計画とはどのような性質を帯びるのでしょうか。

第一は「公共性」です。これは都市が人々の経済活動と生活の共同の場であって、その都市の土地や空間の利用が広く住民の利益や不利益に関わるために必要とされる性質です。それゆえ、都市計画の実施にあたっては政府の強力な介入を要し、民主国家の下では公共の利益の実現のための社会的な合意を得るための民主的な手続が求められます。

第二に「全体性」です。これは都市計画が連続した空間全体に影響を及ぼし、さらには各空間を調整し、整合させることによって、都市全体の機能を高め、それが結果として個々の主体を取り巻く環境の向上に寄与するという性質です。

第三が「時間性」です。これは都市計画が、一方で都市の将来像を予測し、決定された都市の目標像を長期にわたって時間をかけて実現するものであり、他方で、時間の経過に伴う変化、例えば、物理的に老朽化するといった物理的変化であったり、あるいは社会経済情勢の変化に影響を受けるため、時間軸を考慮しなければならないという性質です。

言い換えれば、都市計画の性質は自治体の総合性と重なり合うところが多く、自治体の総合性なくして都市計画の性質は生かされないと考えられます。そして、このような三つの性質を技術的に反映する「計画」は、「公共性」の根拠を科学的に示し、あるいは民主的手続によって正統性を担保する道具として機能することが予定されています。同様に、「全体性」を考慮して対象とする空間を示すとともに、各対象空間を調整・整合させる道具として、さらに「時間性」を踏まえた内容を示すため、将来を予測し、目標像とそれを実現するプロセスを示す道具として機能することが想定されています。

理論的に言えば、計画にこうした公共性、全体性、時間性が踏まえられていて、これを実現手法によって完遂させることで総合的都市計画は可能になります。

二　総合性の観点から見た日本の都市計画の構造的問題

しかしながら、これらの性質が必ずしも都市計画制度やそれを運用する都市計画行政に反映されているわけではない実態があり、これが都市計画の課題であると言えます。

国土の利用に関する諸計画の体系

日本の国土は、各種計画によって、その利用の方針や規則が定められていて、これらの計画の体系を「国土計画体系」と呼びます。この国土計画体系の最上位計画となるのが、先ほどの入江先生のご報告にあった国土形成計画です。そして、国土形成計画の方針に従って国土の利用目的を定める国土利用計画法では五つの地域（都市地域・農業地域・森林地域・自然公園地域・自然保全地域）の土地利用計画を定めることになっています（**図表1**）。

これらの五地域では、それぞれの地域と「管轄」、具体的には省庁の所管課が結び付いていて、それぞれに対応する法律（都市計画法・農業振興地域の整備に関する法律・森林法・自然公園法・自然環境保全法）によって、各々の法律の目的を実現する「制御」の手法が定められています。こうした体系を総合的都市計画という観点から考えた場合、国土利用計画の全国・都道府県・市町村の計画をまず整合させ、また5つの地域ごとの法律に基づく地域を**図表1**に示す「即する」という規定に基づいて整合させ、整合を完遂させることによって、「総合的都市計画」を実現するという仕組みになっています。

なお、日本では、先ほど申し上げましたように、管轄と地域が結び付いていることから都市地域を対象に都市計画法が定められており、狭い意味での「都市計画」は都市計画法でいう都市計画区域を対象とすることになるのですが、一般名詞でいう都市計画、あるいは諸外国の都市計画というのは国土全体を対象とすることから、この報告における都市計画は国土全体を対象とするものとします。

こうした国土計画体系がある中で、本来は国土利用計画法に基づき都道府県が定める土地利用計画にこの五地域が示され、地域間の整合が図られることが想定されているのですが、しかし実態は、土地利用計画の上で五地域が重複する地域や、いずれの地域にも該当しない規制の緩い地域、いわゆる白地地域が存在しています。そのため、例えば各自治体の土地利用計画の意図に反して、行政

図表１　国土の利用に関する諸計画の体系

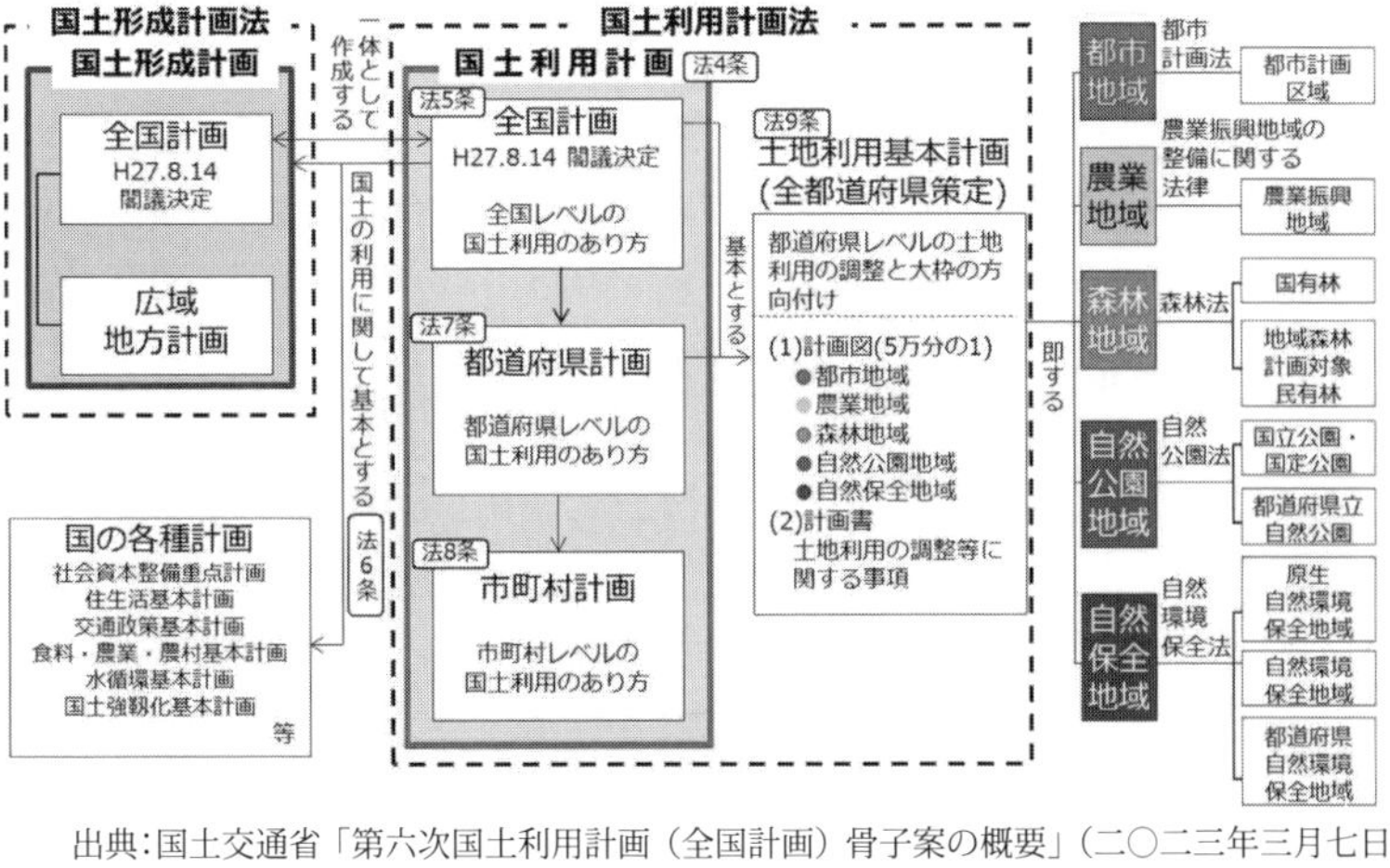

出典：国土交通省「第六次国土利用計画（全国計画）骨子案の概要」（二〇二三年三月七日）

区域を越えて規制の緩い地域に開発が誘導されることもあります。言い換えれば、関連する政策間、分野間の調和と整合を確保できず、総合的都市計画が実現されないということを意味しています。

さらに、人口が集中する都市地域（都市計画法でいう都市計画区域）に着目して、総合性に関する課題を見てみたいと思います。

日本では、都市地域（都市計画区域）を管轄する国の組織は国土交通省です。都市地域を中心に都市計画法による計画と実現手法である規制手法と事業手法が適用されます。具体的には都道府県レベルのマスタープラン、市町村レベルのマスタープランには総合的な内容が規定されることになっています。そして、**図表2**に示すように、これらの計画は「即する」関係が法文上規定され、計画間の一貫性が確保されることになっています。

また、土地利用制限等の実現手法は計画に「即する」こととされています。この広域自治体の計画とその実現手法、そして、基礎自治体の計画と

図表2　都市計画における諸計画の体系

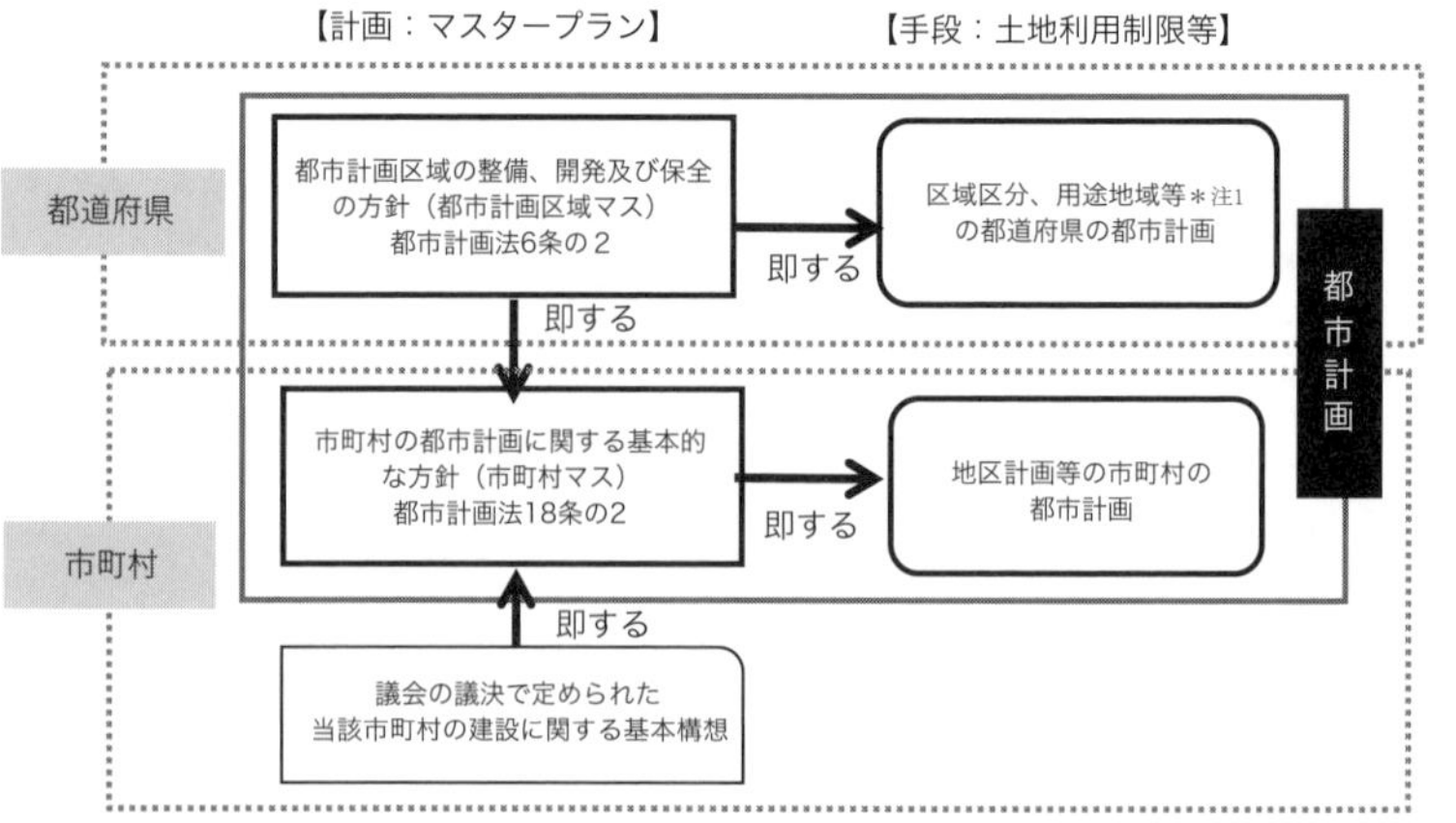

出典：著者作成。注1：権限移譲により一部の市町村も決定することが可能となっている。

その実現手法という二層二段の都市計画体系（図表2）は、日本のみならず、欧米の諸外国においても類似の制度体系が用いられています。

しかし、市町村は計画を実現するための具体的な実現手法を十分に備えておらず、したがって、計画の実効性が確保できず、計画が絵に描いた餅になってしまっています。

都道府県の区域マスタープランと市町村のマスタープランは、計画の性質が異なるために「即する」関係が成立しにくいのですが、そもそも、この「即する」関係をチェックする規定、すなわち制御を完遂させる規定がありません。

このように、総合的都市計画を実現できない構造的問題があるのです。

三　縮減社会における都市計画の問題と課題

次に、今日の縮減社会における都市計画の問題と課題の中で、政府が掲げる総合性にかかわる問題についてご紹介したいと思います。

その一つは集落機能の低下と管理です。人口減少がもたらす集落機能の低下によって地域空間の維持管理が難しくなってきています。例えば、中山間部での耕作放棄地、農村集落での所有者不明地（角松二〇一七）の増加により、土地を管理することができません。さらに、この機能の低下は、災害を未然に防いでいた森林やため池などの防災施設の管理を困難にして、それにより甚大な被害を引き起こしています（農林水産省二〇一九：国土交通省二〇二一a）。

二つに、スポンジ化する都市とインフラの維持に関する問題があります。「スポンジ化」とは、都市の大きさに変化がないままに、あるいは都市が拡大していることを制御できないままに、ランダムに空家や小さな空き地が生じて、都市全体が低密度化する現象です。この現象によって財政負担が深刻化し、単独の市町村でインフラの管理や更新が難しくなっているという状況があります（国土交通省二〇一七a）。

三つ目に、空間利用の変容に伴う交通ネットワークに関する問題です。高度経済成長期、モータリゼーションの進展に伴う公共交通網が民間主導で整備されてきたのですが、人口減少と高齢化によって公共交通を担っていた民間事業者が撤退し、地域の足の確保ができなくなってきています（国土交通省二〇一七b）。

そして、こうした問題解決にあたり、「市町村域を越えた連携」や「関連計画、他の政策分野との連携」という課題が政府においても認識されているところです（国土交通省二〇一九）。つまり、これらは縮減社会において、総合的都市計画がより重要になってきていることを表しているのではないかと考えています。

こうしたなか、「縮減社会における日本の都市計画の問題と課題」に対して、都市計画法などの空間制度について「管轄」と「制御」が深く関わっているのではないかという問題関心を持つ研究者らによって科研費に基づく研究会（「空間制度研究会」）を立ち上げて検討をしており、こうした議論をまとめた論文集を現在準備中で本年度刊行予定となっています（内海二〇二四）。

そして、空間制度研究会の検討では、「管轄」と「制御」における課題に自治体の総合性や総合行政の問題が深く関わっている実態を確認しています。

四　検討のための視点としての「管轄」と「制御」

そこで、空間制度研究会で行った調査内容や概念が、本シンポジウムの検討材料になるのではないかと考えられますので、以下では、「管轄」と「制御」という概念を用いて、総合的都市計画の実態を検討してみたいと思います。

空間制度研究会では「管轄」を「権限により一定の範囲を支配する、その権限が及ぶ範囲」、一方、都市政策における「制御」を、「空間の整序、秩序化を図る政策コントロール」と定義しています。両者の関係については、政策的コントロールが権限に基づいて行われると考えれば、「制御」は「管轄」の範囲に即して行われるといえます。そして、「管轄」には二つの種類があり、その一つは「空間的管轄」であり、これは行政機関がその権限により一定の空間範囲を支配するときの、その権限が及ぶ空間的な範囲を指しています。例えば、国や自治体、公共事業に関する事務組合などの権限が及ぶ範囲であり、これらの範囲を整合させ、あるいは調整するという制御を完遂させることで問題を解決します。いま一つは「機能的管轄」であり、これは、国や自治体の各部署が、その行為により支配する政策分野の範囲であると定義付けています。

この概念を、先ほどお話しした国土利用計画体系や都市計画体系と照らし合わせてみます。すなわち、国・都道府県・市町村にはそれぞれ管轄（空間的管轄）があり、それぞれの管轄の中で作成された計画の整合が図られます。また、国土利用計画体系における「地域」（都市地域・農業地域・森林地域・自然公園地域・自然保全地域）を対象とする政策分野、すなわち、機能的管轄に基づく計画間において整合が図られます。その上で、これらの計画と実効性を確保するための土地利用規制や事業などの実現手法による制御がなされ、これらの整合や実現手法による制御を完遂させることで、総合的都市計画が実現されます。

五　「管轄」に関する基礎自治体の重点課題

理論的にはこのように考えられるのですが、必ずしも実態はこのようになっていません。しかし、基礎自治体が「空間的管轄」、「機能的管轄」について、どのような問題や課題を有しているのかについては具体的な研究はなされていませんでした。そこで、空間制度研究会では、実際に基礎自治体にアンケートを行って実態把握に努めました。本日は、その一部を紹介したいと思います。

対象は、市町村（一七一八団体）と東京都特別区（二三団体）の基礎自治体です。二〇二〇年一〇月から一一月にかけて国土交通省都市計画課から地方整備局経由で電子メールによって都市計画関連部署に依頼をしました。回収数は一六四九（回収率九五・九％）です（内海二〇二四）。

空間的管轄の重点課題

空間的管轄に関しては**図表3**がその結果になります。多くの団体が選択したものを重点課題として順位に示しています。

多くの団体が選択した①について、その具体的な内容を自由記述から読み取ってみますと、他都市に商業、住宅、人口が転出、流出してしまうということを問題視しています。その原因として、近隣の市町村の土地利用規制が緩いことをあげる団体が少なくありませんでした。それは規制の緩い地区に宅地開発や大規模小売店の建設などが行われ、これに伴い、商業、住宅、人口が転出・流出してしまうからです。また、これは⑨の問題を引き起こすことにもつながっています。つまり、「空間的管轄」相互、具体的には自治体の計画の間の整合が図られていないといえ、これは「制御」が機能

図表3　「空間的管轄」に関する重点課題

No.	選択項目	該当数（実数）	順位	人口規模別割合値（回答数／団体数×100）						
				1万未満	1-5万	5-10万	10-30万	30-50万	50-100万	100万以上
①	近隣市町村との定住人口、就業人口に関する調整（パイの取り合いを含む）	106	1	4	6	9	10	2	9	30
②	近隣市町村間での都市施設の整備や維持管理、景観や自然環境保全の食い違い	9	10	0	0	1	1	2	0	10
③	近隣市町村との地域振興方針、産業振興方針などの方針の食い違い	3	12	0	0	0	0	0	0	0
④	近隣市町村との医療施設や介護施設の施設配置方針の食い違い	5	11	0	0	1	0	0	0	10
⑤	近隣市町村との交通インフラの施設計画の方針の食い違い	38	3	2	2	2	4	4	0	20
⑥	近隣市町村との道路や公園、上下水道や道路等の都市施設の整備や管理などについての行政界での食い違い	19	6	1	1	1	2	2	0	10
⑦	近隣市町村での高速道路の建設又はインターチェンジの設置に伴う周辺環境の変化	21	5	1	1	3	2	2	0	0
⑧	近隣市町村での発電所など大規模施設の立地に伴う周辺環境の変化	10	9	1	1	0	0	0	0	0
⑨	近隣市町村での大規模小売店舗の立地に伴う商業環境の変化	43	2	0	2	4	8	4	4	10
⑩	近隣市町村での大規模な宅地開発に伴う周辺環境の変化	12	8	0	0	1	2	2	4	10
⑪	近隣市町村における廃棄物処理場の設置、廃棄物の堆積（不法投棄）に伴う周辺環境の変化	14	7	1	1	0	1	0	0	0
⑫	国又は都道府県が定めている広域的な計画又は地方整備方針などの方針との食い違い	26	4	1	1	2	3	2	4	0
⑬	その他、市町村の行政区域を越えて問題が発生している事項又は他の市町村と連携して解決したい課題	53	-	2	3	4	4	8	9	0
	回答数計（実数）	359								

出典：内海（二〇二四）、アンケート調査結果に基づき著者作成。

していないという問題を表すものとなっています。同時に、土地利用規制という「制御」が機能していないことで、更なる問題を引き起こしていると考えられます。

⑤、⑥、⑦については、市町村間の都市施設の計画の整備が図られない問題であり、そして、これが縮減社会における問題や課題で示した、スポンジ化する都市とインフラの維持や空間利用におけるネットワーク構築にも影響を与えています。

一方、⑫の国または都道府県が定める広域的な計画または地方整備方針などとの方針の食い違いについて、国、都道府県、市町村の調整の不足を示すようなものもありました。

この結果を考察すると、自治体間の方針の違いという問題と、国・都道府県・市町村間の方針の違いに問題があるといえます。

また、制御の問題については、先ほど紹介した国土利用体系や都市計画体系の二層二段の体系によって「即する」関係として整合が図られるはずのものが、整合性の制御がなされていないことが分かります。これはどのように整合させるかのルールがないためであるのではないかと考えられます。

また、規制の緩い地域に宅地開発や大規模小売店の建設などが行われている実態から、土地利用規制や適切な施設配置などの実現手法の制御が働いていないということが分かります。

以上のことから、総合的都市計画が実現できていないという実態がわかります。

機能的管轄の重点課題

次に、アンケートによって明らかになった機能的管轄の重点課題は**図表4**のとおりです。これらの結果について自由回答を踏まえて紹介をさせていただくと、機能的管轄の重点課題は、いずれも自治体内の所管課の方針の食い違いの問題として表れていました。

①と④では、国道や鉄道駅などの周辺での土地利用転換の開発と、農地の保全との調整があげられ、本来、国土利用計画で調整されるべき問題が指摘されていました。

⑧については地域振興と土地利用計画の調整の問題です。

また、③と⑨は、立地適正化計画における防災指針の規定が二〇二〇年に法制化され、この防災指針を策定する土地利用部署と防災関連部署の調整の問題を示す団体が少なくありませんでした。

そして⑪の問題は、縮減社会の課題や問題として示した、スポンジ化現象によって財政負担が深刻化し、単独の市町村でインフラの管理や更新が難しくなっているという実態が示されていました。

この機能的管轄に関するアンケートを考察

図表４　「機能的管轄」に関する重点課題

No.	選択項目	該当数（実数）	順位	人口規模別割合値（回答数／団体数×100）						
				1万未満	1-5万	5-10万	10-30万	30-50万	50-100万	100万以上
①	土地利用計画の決定（都市計画区域の指定、区域区分や地域地区）と農業政策との調整	122	1	1	9	12	10	18	9	20
②	都市施設の整備、再開発事業等の市街地開発事業と農業政策との調整	31	7	0	2	3	2	0	0	10
③	土地利用計画（立地適正化計画等）の策定と治水等災害対策との調整	120	2	1	6	13	12	35	13	20
④	大規模な施設立地や宅地開発と農地保全、農地活用との調整	103	3	1	6	13	11	6	13	10
⑤	生産緑地の特定生産緑地への移行に伴う農業政策との調整	11	10	0	0	0	2	8	13	0
⑥	市街地の緑地保全と再開発事業などの開発促進策との調整	4	12	0	0	0	1	0	0	0
⑦	市街地の景観や住環境保全と再開発事業などの開発促進策との調整	9	11	1	0	0	1	4	0	0
⑧	地域振興のための産業やプロジェクト誘致と周辺土地利用計画との調整	74	5	1	4	8	8	8	9	10
⑨	居住地域と土砂災害警戒区域などの災害危険性を表す区域との調整	65	6	1	4	6	4	16	9	20
⑩	住宅地の高齢者支援などのための土地利用規制の緩和と介護施設計画や交通政策との調整	17	9	0	1	2	2	4	0	10
⑪	道路などの既存インフラや公共建築物などの維持管理や集約に伴う、土地利用計画と財政政策との調整	89	4	2	6	8	7	8	13	0
⑫	自然環境、景観政策と開発政策との調整	20	8	1	1	1	3	2	4	0
⑬	その他	14	-	1	1	1	1	4	0	0
	回答数計（実数）	679								

出典：内海（二〇二四）、アンケート調査結果に基づき著者作成。

すると、まず、「機能的管轄」については、自治体内での方針の違いに問題があることがわかります。そして、国土利用計画体系や都市計画の二層二段の体系によって「即する」関係として整合が図られているはずが、実際には、調整されていないことがわかります。また、自治体内の調整においては、本来は自治体の総合計画や市町村計画との整合が図られているはずのものが、調整されていないという問題も見て取れ、これらは、計画の整合性の「制御」に問題があることがわかります。つまり、これは、どのように整合させるかのルールがないためであると考えられます。土地利用と財政政策の問題については、土地利用の執行と財政政策の調整が難しいことも見て取れます。

以上のことから「機能的管轄」においても、総合的都市計画が実現できてない実態があるということを確認できます。

六 「管轄」「制御」の問題と縮減社会

以上の内容を「管轄」「制御」の問題として整理をしてみます。管轄の問題については、空間的管轄に関する自治体間と国・都道府県・市町村間の問題があります。そして、機能的管轄に関しては、自治体内の問題があります。一方、「制御」の問題もあり、少なくともこれらの制御を完遂しなければ、総合的都市計画は実現できないのではないのではないかと考えられます。

そして、アンケートの考察からも分かるように、これらの問題は、縮減社会の問題や課題として示した、例えば、集落機能の低下と管理、スポンジ化する都市とインフラの維持、空間利用構造の変容とネットワーク構築の問題にも深く関わるのではないかと思われます。

七　総合的都市計画を実現するための前提と方策

以上のことを踏まえると、総合的都市計画は次のようなことが前提になるのではないかと考えられます。その前提の一つは、「一つの自治体のみでは都市計画の総合性は確保できない」ということです。また、一般的に総合性の議論では調整のみに目が向けられますが、実はこの制御の完遂というのが非常に重要です。つまり二つ目の前提として、「完遂なくして総合的都市計画の総合性は実現できない」ということです。

このような前提を踏まえて、総合性を実現する手法を考えると、まずは、この都市計画の構成要素である「計画」と「実現手法」と、公共性・全体性・時間性という性質、さらには「計画」の整合によって調整を図るという、冒頭で紹介しました「都市計画の基本構造」と「都市計画の性質」に立ち返ることが必要であると考えています。その上で、これまでの私の研究成果や空間制度研究会で議論している手法を最後に紹介しておきたいと思います。

まず、日本での試みに関して、私は、自治体の制度、条例や要綱などについて研究をしてきた経緯があります。機能的管轄の場合に限りますが、自治体内での総合的な都市計画に有用なものとして、条例や要綱による「自治体による総合的な取り組み」があります（内海二〇一〇）。具体的には、ある開発事業等にかかわる幾つかの所管課との事前協議や、関連する幾つかの計画への適合を事業者に義務付ける規定を通じて、種々の所管課の政策や計画内容を踏まえた総合的な開発事業を実現させることを意図した条例や要綱があります。これは自治体の組織や部局の権限面での総合性を確保するというものではなく、行政活動に総合性をもたせる方策として受け止めることができます。

次に、諸外国の試みです。空間制度研究会では、日本の管轄や制御の問題に対して諸外国ではどのような対応をしているのかという検討をしました。例えば、フランスの例を四つほどご紹介したいと思います（内海二〇二四）。

その一つ目は、計画間の整合の「制御」を実現する方策です。計画間の「整合」を法律によって明確に定めた上で、上位機関、具体的には、県の地方長官（préfet）が、計画間の整合の確認及び調整や審査を行う仕組みがあります。これは、計画間の整合の実効性を確保する方策であるといえます。2つ目は、自治体間の「管轄」を統合する方策です。フランスの市町村連合体、すなわち「コミューン間協力公施設法人」（Etablissement public de coopération intercommunale：EPCI）によって基礎自治体間の計画を統合し実現するというものです。三つ目は、国、広域自治体、基礎自治体の「管轄」の調整を行う方策です。フランスでは、広域自治体の計画策定の際に、構成自治体の政治代表者による調整組織が設けられています。例えば、トゥールーズ・メトロポールというEPCIでは、都市計画に関する計画を作成するにあたって、都市計画に関する委員会「コピル」（comité de pilotage：Copil）という会議体が設置され、基礎自治体間や住宅・経済発展・移動及び交通・環境及び持続可能な開発・空間整備及び土地政策を担当する所管課での政策が調整されています。なかでも都市計画に関する意思決定を行う意味で、政治的な代表者による調整も非常に重要だと考えられます。四つ目は、自治体間の管轄及び国、広域自治体、基礎自治体の管轄の調整を第三者機関が行う方策です。これは、計画を策定する際の支援組織が複数の自治体の計画作成に関与をして、自治体間の計画を調整する、あるいは、国、広域自治体、基礎自治体の計画を調整するというものです。その具体的な第三者組織として、法律にも位置付けられている「都市計画研究所」（agence d'urbanisme）があります。

本日の私の報告は、総合性の実態、在り方を都市計画という立場から検討いたしました。ただし、あくまでも都市計画の立場からであり、「総合的都市計画」の議論であって「自治体の総合性」とイコールではありません。しかし、この総合的都市計画は公共性という性質が踏まえられており、住民、国民が望むものであると考えられますので、自治体の総合性が住民や国民に向けたものであれば、今日お話しさせていただいた内容が自治体の総合性の議論にあたり、一つの素材になるのではないかと考えています。

ご清聴ありがとうございました。

【引用・参考文献】

内海麻利（二〇一〇）『まちづくり条例の実態と理論』第一法規
内海麻利（二〇一二）「日本の都市計画法制の「総合性」に関する課題とフランスの「一貫性」」『駒澤大學法學部研究紀要』七〇号、一四五－一七七頁

内海麻利（二〇一五）「土地利用規制の基本構造と検討課題」『論究ジュリスト』一五号、七－一六頁
内海麻利編（二〇二四）『縮減社会の管轄と制御』法律文化社
金井利之（二〇〇七）『自治制度』東京大学出版会
金井利之（二〇二二）「総合行政主体論の考え方」『人口減少時代の都市自治体―都道府県関係』日本都市センター、三五－五五頁
北村宣喜（二〇〇〇）「必要的自治事務をめぐる総合的対応と条例」『自治総研』第二五五号、二五－四九頁
広域連携が困難な市町村における補完のあり方に関する研究会（二〇一七）「広域連携が困難な市町村における補完のあり方に関する研究会報告書」
国土交通省（二〇一七a）「コンパクト・プラス・ネットワークの推進について」
国土交通省（二〇一七b）「地域交通の活性化及び再生の将来像を考える懇談会　提言」
国土交通省（二〇一九）「都市計画基本問題小委員会中間とりまとめ～安全で豊かな生活を支えるコンパクトなまちづくりの更なる推進を目指して～」
社会資本整備審議会（二〇〇六）「第一次答申：新しい時代の都市計画はいかにあるべきか」
日本都市計画学会編（二〇二一）『都市計画の構造転換』鹿島出版会
農林水産省（二〇一九）「農業用ため池の管理及び保全に関する法律の概要」
渡辺俊一（二〇〇一）「都市計画の概念と機能」『日本の都市法Ⅰ　構造と展開』東京大学出版会、一三九－一八〇頁

金井：どうもありがとうございました。都市計画を素材に総合性のお話を、特に制御と管轄という観点から切って、分析していただいたと思います。
　それでは、続きまして、北山さんのほうからお願いします。

報告③

日本の政治発展の中での自治体の総合行政

北山 俊哉（関西学院大学法学部教授）

このような貴重な報告の機会を与えていただきまして、ありがとうございます。それから、日本学術会議との共同シンポジウムということでありまして、なかなか調整が大変だったんですけれども、その作業に当たられた関係者の皆さんに本当に感謝いたします。では早速、報告に移らせていただきます。

実は今、アメリカのカリフォルニアのバークレーにおりまして、アメリカ西海岸の時間で今二三時二三分ということであります。

日本の現在を比較政治学的に、あるいは歴史的発展の中から捉えたい

今日の私のお話はお二人のご報告とはずいぶん異なります。比較政治学的観点あるいは歴史制度論という理論を使って今まで研究してきておりまして、バークレーでポール・ピアソンという人に先日お会いできたんですが、その人の『ポリティクス・イン・タイム』に影響されて研究してきましたので、そういう観点から「総合性」についてお話をしたいと思っております。つまり、日本の現在を比較政治学的に、あるいは広く歴史的発展、あるいは時間の中から捉えたいということであります。

早速なんですけれども、お亡くなりになられた西尾勝先生を出すのもどんなものかなとも思いますけれども、我々の世代よりももう少し上の世代の一つの考え方だったんじゃないかということで参考にさせていただきます。

すでに『年報行政研究』で拙い書評を書いたので、詳しくはそれらを読んでいただきたいのですが、西尾先生はこういうふうに書かれております。

「日本の行政システムは、集権的分散システムである」と。「これを『先進諸国並みのグローバル水準』に近づけようとすれば、実質的な決定権を自治体に移譲することが必要である」。あるいは「日本は集権融合型の国である。日本の行政システムを『先進国並みのグローバル水準』に近づけようとすれば、国と自治体の融合の度合いを大幅に緩和することが求められる」と。

このような問題意識から一九九〇年代後半の分権改革をなされたんだと思うんですけれども、ここでは先進国並みのグローバルな水準というものがあって、日本はそこに達していない、後進国であるといいますか、ディベロッピングといいますか、そこへ達しなきゃいけないんだみたいな問題意識というのがあったということですね。

キャッチ・アップ・ウィズ・ザ・ウエストという言葉があり、追い付き、追い越せという、近代化をやっていたわけでありますけれども、比較政治学の議論がやっぱり必要だと思います。政治経済学的な比較政治学もいろいろと発展しておりまして、福祉国家とか、あるいは資本主義について、諸国によってバラエティーがいろいろとあるんだという理論があります。地方政府についても同じようなことがあるのではないのかと考えるわけであります。

セラーズ先生の『Multilevel Democracy』という本

私、今はバークレーなんですが、以前、ロサンゼルスの南カリフォルニア大学のジェフェリー・セラーズ先生のところで、客員研究員をさせてもらったことがあります。先生の著書に『Multilevel Democracy』という本がありまして、そこでは「Nationalized」、「Civic localist」、「Local elitist」という三つに分類しています。まずは黒い◆が北欧を中心としたところ、Nationalized ということでございます。それから左下の○が Civic localist、左上の△が Local elitist です。これ、どういう分類かといいますと、水平軸が「Capacities of local government」と書いてありますように、どれだけの能力が地方政府、特に市町村などの基礎自治体にあるかということです。これは財政であったり地方公務員の数であったり、そのようなことで測っている。

もう一つが「supralocal supervision」で、中央政府や州政府からの「監督」といいますか「統制」というんでしょうか、というものがどれだけあるのかを指標化しておりまして、そこから諸国を三つに分けている。

アメリカは、Civic Localistなんですけれども、その中では結構、キャパシティーが多いほうです。英連邦の国ですと、市町村についていうと、非常に「監督」は少ない。自律性といいますか自由度があるということなんです。しかし実は、キャパシティーがない。そうすると、仕事・所掌事務があんまりないということになるわけです。左上のほうはキャパシティーがあんまりなくて、「統制」も多いということで、本当に集権的な国で、地方自治体がやっている仕事は少ない。西尾先生の言葉を使いますと、所掌事務が少なくて、しかも自由度も少ないという感じです。

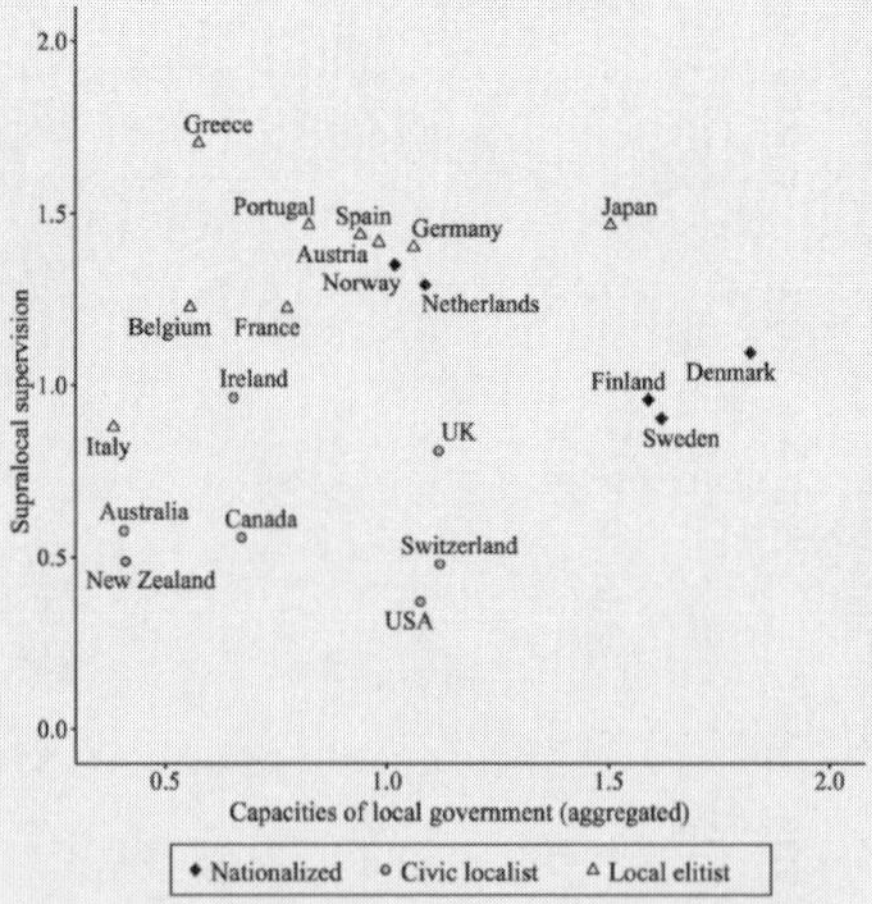

Figure 3.2 Local capacities and supralocal supervision, by categories of local government systems.

北欧はキャパシティーが非常に高い Nationalized 型です。しかしながら、ある程度は supralocal な「監督」があるということになっている。「監督」の下でいろいろとたくさんの仕事をしていて、キャパシティーがあるということです。

ここで注目してほしいのは、実は右下の国があまりないことです。所掌事務が多くて監督も少ない。それが地方自治論からすると理想の国のように思えるんでしょうけれども、実はそういう国はなくて、自由度が多いけれども、あまりキャパシティーはなかったりする、あるいはキャパシティはあるけれど、自由度はそれほどはないというようなことが多かったりしてるということです。

このように国はいろんな経緯を通って発展してきています。「先進国並みのグローバル水準」というのは、実は存在していないということですね。

以下では日本の発展について歴史的に考えていきたいと思います。セラーズさんのこの本の中でも、要するに封建時代から絶対主義の国家ができて、民主化が進んで、あるいは資本主義が進んで、福祉国家がその中でまた進んでいくこと、そしてそのタイミングが国によっていろいろ変わっているというようなことを考えている。

この福祉国家のバラエティーと、それから資本主義のバラエティーとが、微妙に重なり合っているということなんです。左下にあるのがリベラルな市場経済でありますし、リベラルな福祉国家であります。右側、Nationalized のほうが社会民主主義的な福祉国家である。あるいは、資本主義の類型でいきますと、コーディネートされた市場経済であったりするというところです。Local Elitist もコーディネートされた市場経済にはなります。

それから、日本が興味深いんですが、これ、統計の取り方がちょっとおかしいところもあって、

supralocalが結構高い(例えば、地方政府の執行部に上位政府の任命があるというようになっています)んですけれども、キャパシティーが高い。

日本の地方政府の歳出の割合は皆さんもご存じのように非常に高い。あるいは地方公務員の数も非常に多い。地方公務員の数がすごく少ない国があったりするわけなんですね。ニュージーランドやオーストラリアなんかです。日本はこの三角の白でありまして、Local elitistに位置付けられているんですけれども、ちょっと北欧にも近くなってきてるんじゃないか。ただ、統制、監督が多いんだということになっております（正しく測定するともう少し低くなると思います）。

どういう経過でここにいるのだろうかというのが私の関心があるところでして、非常に大きな話になります。

江戸幕府を倒し、廃藩置県を成し遂げた明治政府によって、封建を抜け出した。同時に、公議に基づく政治を行うべきということで、立憲国家を造ろうとし、地方自治制度といいますか地方制度を作っていった。

その後、また大きな変化があり、総力戦体制がありました。これも必ずしも全部の国で国家が社会を総動員するということがあったわけではないのですが、日本はこれをやったということであります。詳しい方なんかは『一九四〇年体制』という野口悠紀雄さんの本を思い浮かべられる方もいらっしゃるかと思います。ここでまたすごく日本が変わったし、地方のあり方も大きく変わった。

ところが、その後、戦争に負けて、アメリカによる占領がありまして、その占領ですごく変わった。憲法も変わって、もちろん地方自治体制も変わっていった。ところが、変化がありながらも継続性もある。その縦糸と横糸というものを見ていきたい。

グレイトフル・デッドというロックバンドの歌に「長くて奇妙な旅」という歌詞があるんですけれども、それを見ていこう、どんな経緯であったのかをみていこうということです。

ただ、これ、私もまだ考え中でありまして、どのようにしてキャパシティーが多い国になったのか、キャパシティーが多いというのが、私の意味での総合行政という意味なんですけれども、この二つの関係はどうなのかはこれでまた議論が必要なところです。

日本の地方自治による総合行政の発展の経路

江戸時代：封建制

江戸時代は封建制でありました。中国のように、皇帝がいて貴族層の破壊が進んだのに比べますと、日本には封建制があったということで分権的なまとまりの強さを言っている方がいらっしゃる。これ、集団の多元的秩序の存在があったんだということであります。

それから、もう一つ、土地所有から切り離された武士がいた。一方では、欧州の貴族は土地をちゃんと持っていた。これに対して日本の武士は禄、すなわち給料をもらうという存在であった。明治になり、秩禄処分によって、この禄も強制的に取り上げられ、武士階級が存在しなくなっていく。これは貴族階級が残る欧州とは異なる展開です。例えば、ドイツではホーエンツォレルン家と貴族階級との対抗関係が統一後も残ります。明治新政府にはこの関係はない。

あるいは江戸時代の村も村請制ということで、農民一人ではなく、村として年貢を納めるしくみであった。明治になり、地租改正によって村請制が解体し、個人が納税することになり、身分制も消え去ることとなりました。しかし、この過程で、地券発行作業は、村の役人の莫大な労力の下で実施されました。これがキャパシティの第一歩であったのではないか。

明治維新

その明治維新の課題としては三つあった。「公議」と「集権」と「脱身分」です。廃藩置県と一言で言いますが、廃藩とは、大名と家来の封建的な身分制を解体することであり、置県とは、封建領主に代えて、府県知事を中央から派遣するという集権化であり、これらを同時に行っているわけです。版籍奉還の時は、封建領主が知藩事として、引き続き藩を治めていましたが、これと比べると革命的な制度変更であったんですね。

同時に江戸時代にはなかった「公議」に基づいた政治を行わなきゃいけないというふうにも考えられていた。ですから、市町村にも郡にも府県にも議会が、そしてもちろん、帝国議会も置かれました。これを整備したのが、山県有朋などを中心に設計された、市制町村制、府県制郡制ですが、大久保利通の地方制度に比較すると、山県有朋のそれは制限的だったというふうにいわれます。しかし、プロイセン的な立憲主義・地方制度というものを一九世紀に既に実現していたということも評価できる点であります。比較政治学的に見ますと、多くの国では地方自治体といいますか、地方議会なんかを設けるというのは、二〇世紀になってもなかなかできなかったんですけれども、日本はその時にもう立憲主義と一緒にやったということです。

フランスとかドイツを参考にして制度設計しましたから、セラーズさんが言うようなLocal elitist的な地方制度から始まったということは間違いありません。しかし、フランスやドイツの市町村は、規模が小さくて、自然村の規模となっています。そこで、名誉職の長が中心となって「旧慣」のもとで、まとまっていくというイメージがあります。山県にとっての自治の意図というものが、自ら治めるではなく、自ら治まるものだったんだというような議論があるわけですが、よくみると実は山県の意図は実現されてなくて、明治の大合併で規模は大きくなるわけですし、その後の発展では自由民権運動、民党の運動によって、政治的な分権も進んでいきました。

ここでもう一つ、「順番」に関する比較政治学の議論がありまして、ラテンアメリカの研究なのですけれども、「政治的分権」と「行政的分権」と「財政的分権」を分けまして、どういう順番でやるともっとも分権が進むのかというリサーチ・クエスチョンであります。日本はやはり「政治的分権」が少なくとも町村にはあったんだといえると思います。議会を設け、議会で町村長を決めるという制度があったわけでありまして、町村長会などができ、大正デモクラシーの時には郡制の廃止など、いろいろ効いてくるという側面があったのではないかと思います。

同時に、「政治的分権」化、あるいは民主化が進んでいくと選挙権の拡大があり、いろいろな「行政的分権」も進んでいくんだということなんです。興味深いのは、大蔵省がここで自らの出先機関である税務署を誕生させまして、それまでは府県がやっていたんですけれども、自分たちの出先機関で税を取り始めた。これ、天川（晃）モデルでいうところの分離モデルというのを始めていたのです。しかしこれは例外でありまして、それ以外は府県会を持つとはいえ総合出先機関でもある府県、そしてより自治的な市町村を含めて、地方が行うというしくみがとられてきました。

総力戦体制＝一九四〇年体制

もう一つの大きな変化として、総力戦体制があります。これによって「政治的分権」化は後退するのですけれども、「財政的分権」化は進展した。あるいは、さらにいろんな仕事をやらなきゃいけないので「行政的分権」も行うわけですね。戦時中には国策ということで、市町村が行う事業もますます増えていった。

この時の「財政的分権」化というのは、中央から地方への財政移転が増大しているだけで、自治的じゃないんじゃないかというような議論もあるわけですが、先ほどの比較政治学のラテンアメリカの研究者なんかは、補助金でありますとか財政移転も含めて分権化と言っております。

具体的には、この時代に義務教育費の国庫負担金でありますとか、地方分与税というものができたわけです。これは、井手英策さんが、「地方自治体を公共サービスの供給主体として位置付けつつ、国がそのために必要な財源を保障する仕組みを導入した」と評価しています。

この時代には高橋是清の時局匡救事業というものが始まりました。これも不況対策としての公共事業として戦後に続きます。もう一つには総力戦体制の中で健康保険法ができ、国民健康保険法、厚生年金保険法などができた。

ドイツ的な Local elitist から始まったんですが、ドイツ型の福祉国家というのは、もっぱら電気工とか機械工とかの職業団体が医療保険なんかを行うということなんです。日本では大企業の労働者は企業がつくり、中小企業の労働者向けには政府が保険者になるというような、ここでちょっと逸脱が出てきて、政府が入ってくるわけです。国民健康保険法におきましては農民とか自営業者向けは市町村単位で行う。市町村も結構重要な役割を持ってきたということです。ここからがドイツ型の福祉国家から逸脱してきて、どちらかというと北欧型の福祉国家的な要素が入ってくる。国民健康保険も、保険料でやるんじゃなくて税金も重要になってくるということもあります。

この時には各省が出先機関を増設することで、「分離」化をさらに進展させようという動きも出てきまして、内務省―府県システムといわれるような地方制度から、内閣―道州制への移行の動きもあったんですが、内務省がこれに非常に抵抗いたしまして、結局は内務省による総合行政維持といいましょうか、府県それから市町村にやらせるというやり方が続いた。道州制はできずに終わる。

GHQのニューディーラー達による占領改革と内務省の遺産

さらにGHQによる占領改革ですが、非常に特徴的だったのはGHQがニューディーラーだったということです。もう一つ、ここでまた「順番」の議論を、これは私が考えたのですが、知事の公選化の決定というのが先にあって、地方自治法が制定されてから内務省が解体されたという順番がありました。この「順番」が重要だというのが『ポリティクス・イン・タイム』の話でして、何が起こったかだけではなく、いつ起こったのかというのも重要なんだというのが比較政治学的な議論なわけです。地方に対する一般的監督権を国、および官選知事が持っているというのが、内務省―府県システムの非常に重要な核心になるのですが、それは占領軍が駄目だと言いました。公選知事と内務省の廃止が決まるわけですが、しかし実は廃止された内務省が残した遺産というのがありまして、各省はそれぞれ自分で出先機関をつくって戦後はやりたかった。これを廃止直前の内務省が頑張って、それに歯止めをかけて、機関委任事務という形で戦後は進んでいくことになった。出先機関を作りにくくしたんですね。地方自治体の役割が少なくなっていくということではなく、「分離」ではなくて「融合」という状態になったのであるということです。

こうして、戦後分権化が行われたんですけれども、知事公選とか、地方議会の地位が上がったというのは包括的な分権であって、他方では実は機能的集権化も起こっていたんだというのが同志社大学の市川喜崇先生の議論であります。実は民政局も知事に対する主務大臣の指揮監督権は排除しようとしなかった。ニューディーラーも集権的に改革、社会改造をするためには主務大臣が監督しても構わない、機能的な意味での集権化は行っても構わないというような意見があったということであります。

同時に、占領改革により国会が国権の最高機関になった。そして徐々に政党優位になっていく。国会で作る法律は、基本的には政党間のやり取りの中で決まっていくのであって、官僚の意向がそのまま通るのではない。その中で地方自治体も影響を受けてくるということであります。

基本的には、自治体が仕事をするようなのがずっと続くことになってきた。福祉政策においては、生活保護や保育所など機関委任事務で行われたものが多い。国の出先機関である公共職業安定所を中心として行われた労働行政が実は分離モデルだったので非常に対照的です。そして国民健康保険というのが市町村の直営になっていく。さらに介護保険とか後期高齢者医療保険も市町村のものになっていくというのがフィードバックみたいな形で続いていく。医療保険を運営するノウハウを持っているのは市町村だけだったので、こちらもやってもらおうということになるわけです。

教育委員会制度は、アメリカですと学区（スクール・ディストリクト）といって、市町村とはある意味別になっているわけなんですけれども、日本では市町村の中にあるということです。さらには最近の動きですけれども、文化やスポーツ、生涯学習などが首長部局に移ってきているというトレンドがあり、さらには総合教育会議とか教育大綱を首長がつくるというような形になってきて、かなり総合行政的な動きが進んでいる。

警察行政の中にのみ内務省―府県体質が生き残っているという議論がありまして、ここにいらっしゃる金井先生が「官選警察知事」と非常に面白い言い方をされている。戦前の知事は、ちょうど警視総監とか道府県の本部長が警察庁によって選ばれるように、内務省によって選ばれていたんだ、というわけですね。

もともと占領軍が作ったのは市警などの自治体警察だったんですが、それを返上することになった。分権というのも見方がいろいろとありまして、所掌事務でなくなるという意味での分権ですと、警察の返上は分権ではないわけです。しかし、アメリカなんかは何をやるかを自分で決めて自分でやる。さっきからも議論になってますけれど、地域における行政を自主的に実施するというのでしたら、やめるのも返上するのも自治であるということになるんではないかということであります。

内務省の遺産ということでは、大蔵省との関係で地方交付税に財源保障の機能をぎりぎり残したということがあります。地方交付税というのが実は戦前の分与税と戦後の平衡交付金とのハイブリッドであるという議論を小西砂千夫さんがやられております。国税一定割合による総額決定を行うというのは地方分与税的な発想なのですが、シャウプ勧告で作られた平衡交付金は、一個一個の自治体の基準財政需要額を計算して財源保障を行うということでありまして、これがやはり地方に行くお金をちゃんと保障する形になっていた。ここも先ほど言いました旧内務省の官僚たちがこれを残していったということであります。そのために、地方に国税の一定割合だけという形で渡し切りのかたちで財政調整するよりも、手厚くなったのではないかと考えられます。

地域開発・革新自治体の時代

それ以後の話につきましては、分権化のフィードバックが続いていきまして、包括的授権方式といいますか、戦後の地方自治法は包括的授権方式の中の概括例示方式（前項の事務を例示すると、概ね次の通りである）でやりましたけれども、これは戦前からの継続している部分であります。フランスやドイツの方式であって、地方的なことは仕事がいろいろとできるようになっている。で、国民健康保険というものを直営化して、それから国民皆保険をすることによって福祉国家が進んでいくということになった。

これは機関委任事務ではなくて自治事務なのですけれども、地方自治体がやらされてる、やらなきゃいけないことになってる。それが老人保健制度になり介護保険になり、後期高齢者医療制度も必ず市町村が都道府県の枠組みで全部入って広域連合を作らなければいけないことになっている。これ、自治事務なのですけれども、後期高齢者医療制度を自分の自治体だけでやるということにはなっていない。自治事務といっても、法定自治事務といってもいい。しかしながら、これによって福祉国家が可能になっているということであります。ある自治体が国民健康保険をやめる、返上するということは、自由度があることにはなりますけれど、国民皆保険は実現できなくなる。

権限なき行政、先ほども開発指導要綱の話がありましたけれども、権限なき行政といわれるようなことも行われるようになった。条例で上乗せ・横出しということができるのか、行政指導で権力的なことができるのかということが法的な議論になりました。

自治体の総合行政の影の部分

ただ、影の部分というのも実はあるのではないかということです。例えば港湾行政も、まさに戦後のGHQの改革によって自治体が行うことになった。大阪港は市営でしたし、清水港は県営の港でした。ところが、林昌宏さんの最近の研究では、中国や韓国に負ける結果になっているのではないかと言われている。

あるいは公営住宅も自治体が行って、府営住宅、県営住宅、市営住宅となってきたのですが、コメンテーターの阿部先生の研究なんかでも、自治体としてはあまり乗り気ではなくなってしまう。せいぜい建替えくらいをそろそろやるというくらいでしかない。さきほど、地方自治体の仕事が少ないと申し上げたニュージーランドでは、国営住宅でやっているようですね。

ですから福祉国家あるいは資本主義の発展とかいうようなことを考えながら地方自治のことも考えたほうがいいんじゃないかということです。

北欧型というのでいいますと、ある程度規模のそろったコミューンというのを合併でつくっていって、福祉国家をやるんだと、市町村にやってもらうんだと。非常に能力の強い地方自治体をつくって、ある程度監督もする。それが一つの選択です。

あるいはアメリカ型になってくると、市町村の規模というものがばらばらでも構わない。市町村が教育や水道などをやらなくても、機能ごとにできた団体に任せればいい、ということになります。市場に任せてもいいという選択をとるということです。

外部委託という選択

現在、消防の外部委託に関心を持っています。大阪では能勢町が遠く離れた豊中市に消防を外部委託している。これは総合行政ではなくなっているのではないかということです。東京でも東京消防庁に東久留米市及び稲城市の二市を除いて、多摩地区のほとんどの市町村が外部委託するということが実際に起こっている。いろいろな形で変化はありえるのだということですけど、基本的には戦前から受け継がれたものが正のフィードバック、同じ方向に進んでいっているのではないかというようなことであります。消防の例でいえば、小さな町村であっても、一部事務組合ですらなく、単独消防でやっていきたいという自治体も数多くあります。私はあえて、外部委託は総合行政から抜け出る形態であると考えたい。

以上の議論をまとめますと、戦前からの経緯で、分権が一九世紀にさかのぼること、フランスやドイツのやり方に倣ったけれども、合併など規模の拡大で、地租改正の地券発行以降、たくさんの仕事を行うことになったこと。同時に、政治的分権も早かったので、政治的分権化、行政的分権化がその後、進んだこと、しかし戦時期の総力戦体制の中では、政治的分権化が後退し、分離型の動きも出てきたことと内務省がそれに反対したこと、他方では、財政的分権化が進んだことを述べました。

戦後は、公選首長の実現、議会の地位強化という包括的分権化が進んだと同時に、機能的集権化も進んだ。しかし、それは国が地方出先機関を設立して行うのではなく、自治体に機関委任事務を行わせるという形のものであったこと。戦前から続く包括的授権方式の中で環境政策や福祉政策を独自に進めることもできた、権限なき行政まで議論になったということ、それは占領改革の包括的分権によるところが大きいことなど、あまり触れられなかったこともありますので、また後で質問に答えたいと思います。以上であります。ありがとうございました。

【参考文献】

井手英策（二〇一二）『財政赤字の淵源―寛容な社会の条件を考える』有斐閣。
北山俊哉（二〇〇八）「書評 西尾勝『地方分権改革』」『年報行政研究』四三号二一四―二一七頁。
Jefferey M. Sellers, Anders Lidström, Yooil Bae, 2020, Multilevel Democracy How Local Institutions and Civil Society Shape the Modern State, Cambridge University Press.

金井：どうもありがとうございました。分権決議三〇年はおろか、一五〇年、二〇〇年の単位で総合化、キャパシティービルディングと福祉国家の話をいただけたかなと思います。

それでは討論に移ります。まず最初はニセコ町長の片山さんです。よろしくお願いします。

討論者①

多様で寛容な主権者の自治体社会を

片山　健也（ニセコ町長）

こんにちは。ニセコ町長の片山です。よろしくお願いいたします。このような機会を頂きましてありがとうございます。

ニセコ町の概要

最初にニセコ町の紹介を簡単にさせていただきます。ニセコ町は北海道の南西部に位置する、面積一九七平方キロメートルの農業と観光を主産業とする町でございます。人口は一九二〇年の九三〇〇人をピークに減少が続いておりまして、一九九〇年に四四〇〇人という、半減以下になりましたが、二〇〇〇年以降は微増に転じておりまして、現在五〇〇〇人に人口が増加し、今後とも人口増加が続く見込みになっております。産業別人口では第三次産業が六八％を占め、二〇二〇年の国勢調査の高齢化比率は二五・八％となっています。

地域指定の状況としては過疎地域と町域の一部が辺地の指定を受けておりまして、国からは環境モデル都市、ＳＤＧｓ未来都市に選定されています。なお、国連の世界観光機関、ＵＮＷＴＯからはＳＤＧｓの取り組みが評価され、日本では京都の美山町とともにベスト・ツーリズム・ビレッジに、また、世界持続可能観光協議会、ＧＳＴＣからは世界のグリーン・ディスティネーション、トップ一〇〇にも選定されています。

なお、平成の合併時は、広域での法定合併協議会を設立し、二年間にわたって詳細な検討を行った結果、参加自治体全体の総意として合併をしないことを選択しております。広域行政については、北海道総合振興局管内一九町村のうち一七の町村が参加して、後志広域連合を組織し、国民健康保険、介護保険、それから税の滞納の徴収などを行っていますが、広域連合設立当時は教育委員会、農業委員会なども広域連合でという計画でありましたが、広域連合設立時の町村長が交代するなどもあって、次への検討が進んでいない状況となっています。

報告に関する感想

それでは、先生方のご報告に関して感想を述べさせていただきたいと思います。

入江先生への感想

入江先生のお話の「総合性が持つ拡大傾向」という問題意識は極めて重要であると思っています。

私は「総合性」という言葉が住民生活や社会の活動、インフラや、いわゆるソフト事業に係る全ての事項を地方政府たる自治体が担わねばならないのではないかというような拡大傾向の温床になっていて、自治体業務肥大化のさらなる要因になっているのではないかという危惧を持っています。自治体が置かれた現状はそれぞれ多くの特色を持ち、一様に括れないものであると考えておりまして、広域行政の在り方についても、「定住自立圏」など、多くの仕組みが国から発信されていますが、地方の現場実態とは距離がある制度というように考えています。

これまでの地方自治におけるさまざまな広域的な行政の効率化においては、補助金、交付金で自治体の連携等を誘導しようとする制度設計からの脱却が必要で、各自治体における検討の積み上げによる多様な総合性の仕組みがあって良いと考えています。こうした検討から誕生した自治体現場からの枠組みを許容するような分権推進にふさわしい社会制度が必要ではないかと考えています。

また、第三二次の地方制度調査会による「都道府県による市町村の補完支援」は多様な自治を進める上で極めて重要だと考えています。しかしながら、北海道は二〇を超える県を包含する大きな面積と一七九もの市町村を擁しており、こうした広域自治体では、それ自体を経営する財政制約も大変大きく、市町村支援にまでは手が回らないのが実態だと思います。このような実情を鑑みますと、私は分権が進まない現在の状況の中で、過去に議論のあった道州制はほとんど有効性を持たないと実感しています。

以上のような観点から、多様性容認をし、住民ニーズから見た総合性のお考えということで、入江先生のお考えに賛同させていただきたいと考えています。

内海先生への感想

内海先生のお話の都市計画における総合性につきましては、特に土地利用規制に関して困難なことが多くありまして、自治体現場の実情としては自然公園や農地の保全、こういった法制度については、さほど違和感なく現在運用しておりますが、都市計画についてはもう少し柔軟なものが必要ではないかと思っております。都市計画法に基づく権限や制度というものを自治体条例に委任することが不可欠ではないかと考えています。

本町においては、一部地域に準都市計画を敷いており、準都市計画区域も含めて全町にわたって「ニセコ町景観条例」を敷いています。この景観条例にはあえて数値規制は入れず、条例に「住民説明会の開催」を規定しておりまして、話し合いや相互理解によって土地の利活用を図っていく考えです。しかし、将来的には別荘やリゾート開発の動向と地球環境負荷の低減、環境保全などを勘案していくと、条例による強制力があればさらに持続可能性が高まるのではないかと考えているところです。公共の福祉のため、住民自治に基づく合意を基本とした自治体条例を可とする法制度が分権時代には不可欠ではないかと考えています。

論点の都市計画等における「管轄」と「制御」については、自治体間での協議に基づく各種計画や条例での財産権との調整が自治体条例で可能となるような権限の移譲と法律での条例への委任規定を加えることが重要だと考えております。

北山先生への感想

北山先生のお話の今日までの歴史につきましては、国と自治体の融合が大変重要だとは思います。

地方分権が動き出した当時、片山虎之助総務大臣と地方交付税についての財源保障と財源調整をどう制度設計するのかを議論したことを思い出し、興味深く聞かせていただきました。

地方分権の推進は、現在、道半ばで、大森彌先生が「日本の地方分権は、長期冬眠の時代に入っている」と述べられていたとおり、大変残念な時代状況にあると思っていますが、日本の一国一制度や中央集権が美徳という時代思想から卒業すべきと危機感を覚えています。

西尾勝先生が『地方分権改革』の著書の中で、自治課税権については世界に類を見ない厳格な財源統制として、「日本の自治体には歳入の自治がない」とのことを記しています。また、松下圭一先生は、『政策型思考と政治』で、基礎的自治体はその地域における総合政策主体であると記しておりますが、この総合政策主体である基礎自治体にいまだに多くの統制が存在して、自治体の自由度というものが広がっていないというのが日本の自治の現状ではないかと思います。

北海道内の自治分権の議論

ここで北海道内の自治分権の議論を多少紹介させていただきます。

北海道内においては一九八八年に、当時、木佐茂男北大法学部教授を代表とする札幌地方自治法研究会が、また一九九一年に北海道比較地方自治研究会が研究者、それから大学院生、自治体職員を中心に結成され、地方自治に関する研究活動が活発となりました。

ニセコ町では、二〇〇〇年に日本で初めて私たちのまちの憲法たる自治基本条例、「ニセコ町まちづくり基本条例」を制定しましたが、その法的裏付け作業は札幌地方自治研究会自治基本条例のプロジェクトメンバーの多大な研究活動によって担っていただきました。

また、各地域で自治体職員による自治政策の研究会がつくられており、地方分権推進法が成立した一九九五年、北大の神原勝教授あるいは森啓教授など多くの研究者や当時の自治体職員の尽力で、「北海道自治土曜講座」が毎年連続講座として開催、多い時には全道から八〇〇名が集まるという大変人気の講座となり、地方分権推進機運の醸成について大きな役割を果したのではないかと思っています。

国への提言状況

ニセコ町での広域連携など、国への提言状況についてご報告させていただきたいと思います。

ニセコ町では一九九二年、ニセコ町自治政策研究会が、翌年には自治体職員や若手の商工会のメンバー、それから農業青年会の人たちが入って、ニセコ経済懇話会が設立され、まちづくり活動に関する学習機会が増大することとなりました。こうした中で、役場の中で最年少の係長が町長選挙に挑戦をするということがあり、この若い係長が、情報公開と住民参加というほんとにソフトな事業だけで訴えたものが僅差で当選するということがありました。以来、ニセコ町での自治体改革は急速に進むこととなります。

職場の管理職会議や予算編成会議をはじめ、ほとんどの会議は全部公開で進めることとなり、住民の皆さんとともに培ってきた住民参加などの自治の仕組みを首長の交代によって失うことがないよう「自治基本条例」を創ることとなったものです。

また、広域的な活動では全国の市町村長で構成する「提言実践首長会」の中に「市町村合併部会」を組織し、会長としての事務局をニセコ町長が担うこととなりました。この首長会の会議を経て、二〇〇三年二月に合併特例法、それから地方自治法の見直しに関する新たな自治体構想の実現に向けての提言書を小泉総理大臣ほか関係機関に提出をしております。

この時は、提言実践首長会からの提案の七割は法律改正の中に反映されたものと思います。

また二〇〇五年には、新たな行政体制に関する検討会をつくりまして、小さな自治体の今後の在り方に関する提言を総務省に行っております。

また、地方自治制度の中に広域連合という大変良い制度がありますが、実はこれには自主財源がないということで、これが大きな広域連合の欠点ではないかと考えておりまして、広域連合に課税権を認めることによって、その目的に応じた自治体同士のアメーバ型の広域連合が可能となるものと思います。

また夕張問題に関しまして、財政健全化を作成の動きが生じた二〇〇七年、全国の財政のプロと称される自治体職員有志で「政策提言自治体会議」を小西砂千夫関西学院大学教授を座長につくり、自治体現場に即した財政再建法案づくりに着手しました。全国持ち回りで協議をし、会議の後半には総務省の健全化法案作成担当者にも加わっていただき纏める作業を行うことができました。また、この検討の過程では、財政健全化法制における監査の在り方に関する提言、と、自治体財政の健全化に向けたガバナンス強化についての提言を行ったところです。かつて、収入役制度を廃止しておりますが、これは自治体機能の健全性を担保するうえで、大きなマイナスではなかったかと思います。

全体のまとめとさせていただきますが、自治体の総合性、総合的な行政の在り方に関しては、地域の特性や住民ニーズの違いなど、地域ごとにさまざまな相違点があるにもかかわらず、全国一様に東京の価値観で議論される方が大変多く、日本全体が旧来型の中央集権的国家・国土思想から抜け切れていないものというように考えています。地方分権は住民に身近な基礎自治体に権限と財源を移し、住民が政治に参加し、政治のダイナミズムを発揮するという大きな価値があるものと私たちは認識をしてきました。

戦後は、日本の自治体は右肩上がりの経済成長の中で住民が担ってきた住民の自治力や地域力を行政サービスの名の下に行政が奪ってきた歴史ではなかろうかと私は考えています。その結果、行政は肥大化の一途をたどり、逆に自治力、地域力は減退の一途をたどってきた、それが日本の実情だと考えています。

今後、自治体は住民や地域に、そしてＮＰＯや民間組織に、これまで奪ってきた公共の役割を返還し、地方自治のあり様を再構築していく必要があるのではないかと考えています。

ニセコ町では二〇〇三年、住民出資により観光協会を株式会社化し、ニセコリゾート観光協会をつくりました。全国初の観光協会の株式会社化ですが、このことにより、観光政策のウイングは相当広がり、観光の進展に大きく寄与したと思います。

また二〇二〇年には、慢性的住宅不足の解消とＳＤＧｓ、脱炭素地域社会推進の母体として、第二の役場として、「株式会社ニセコまち」を創設しました。また本年、二〇二三年三月には、森を育て、森を皆さんに開放して、森に関する資源循環型社会をつくるための「株式会社ニセコ雪森考舎」を設立しています。

行政の総合化というのは行政が所掌事務を拡大し、総合的に事務事業の全てを行うことではなく、当該自治体の方向性を、住民や代表機関とともにまとめ上げ、その方針たる基本構想に基づいて、その実行は公開の中でさまざまなそれぞれの事業主体が行うという、多様で寛容な主権者主役の自治体社会の必要があるんではないかと考えています。また、大都市にあっては当該自治体内での域内分権を進めることにより多様な自治の形態の創設も可能ではないかと思っています。

憲法九二条の自治の本旨は団体自治と住民自治と言われておりますが、団体自治につきましては地方政府としての役割、そして住民自治としては、住民の皆さんの市民の自治機構として、市町村には二つの役割があると認識をしております。現在、日本は経済合理性に基づく団体自治の権能ばかりが議論され、住民自治、市民自治の機構という重要な役割が希薄になってるのではないか。住民自治に軸足を置く地方分権というもののうねりが再度、日本の社会の中に広がっていくことを期待して、私の報告とさせていただきたいと思います。

どうもありがとうございました。よろしくお願いいたします。

金井：どうもありがとうございました。第四の報告者とお呼びできるくらい、力の入ったお話をいただけたかなと思います。

続きまして阿部さんから討論の二つ目をお願いします。

討論者②
自治体主体の「総合性」の実現を

阿部　昌樹（大阪公立大学法学部教授）

それでは、私のコメントをはじめさせていただきます。

「総合性」という概念の多義性

最終的に行き着く先は、基本的には、先ほどの片山町長のコメントの中心的な部分と同じことになるかもしれません。「総合性」というのは本来的に多義的な概念である。その多義的な概念の特定の意味を、国が自治体に押し付けようとしている現実がある。しかし、「総合性」の意味はむしろ、それぞれの自治体がローカルに、それぞれの地域の特性に合わせて決めていけばいいし、それをどのように実現していくのかもまた、ローカルに決めていけばいいのだという、「総合性」という概念を解釈していく地域の自律性を擁護することが、片山町長のコメントの中心的なテーマだったのではないかと、私は理解しております。

「総合性」が多義的な、多様な意味を含んだ概念であるということについては、入江さんが的確に整理してくださいました。これまで三つの相互に異なる意味で、「総合性」という概念が使われてきたのではないかということです。おそらく、第一次分権改革の少なくとも初めの頃の、国の関与を縮小して自治体の自律性を強化するという発想で自治・分権を進めていくという方針が採られていた時期には、自治体がある特定の政策領域において、企画・立案、選択、調整、管理、執行などを一貫して行うという意味で、「総合性」という概念が使われていたと考えてよいように思われます。

それに対して、西尾勝先生が言われていた「所掌事務拡張路線」、すなわち、自治体がより多くの事務・事業を担うようにすべきであるという方針で自治・分権を進めていくということになりますと、できる限り広い範囲の事務・事業を基礎自治体が担うことが「総合性」の意味であるというように、「総合性」という概念の意味が変わっていかざるを得ないのだろうと思います。

さらに、そのように分権改革に関連づけて「総合性」という概念が理解されるよりも以前にも、「総合性」という概念は地方自治との関連で用いられていました。その典型が、「総合計画」との関連での「総合性」という概念の使用です。分権改革以前から続く総合計画の伝統を踏まえますと、自治体が、現にある範囲の事務事業を実施していることを前提として、それらの事務事業を相互に整合的に行っていくようにするということが、「総合性」のもともとの、原義的な意味なのではないかと考えられます。このように、「総合性」という概念は、少なくとも三つの、相互に異なった意味で理解可能であるということを、入江さんは指摘されていたように思います。

そうした捉え方はけっして間違いではないと思いますが、「総合性」という概念の多義性は、それとは少し異なった観点からも指摘できるのではないかと、私は考えています。今日のお三方の報告の相互連関にも関わってくるのですが、「総合性」という概念は、自治体が目指すべき姿を示す規範概念として用いることもできるし、わが国の地方自治の現実はどのようなものなのかに関する記述概念として用いることもできるように思われます。さらに、これは「総合性」を記述概念として捉えるひとつのパターンなのかもしれませんが、日本の地方自治は、歴史的な経緯から、「総合性」を運命付けられているというような理解も可能なのではないか思います。

もちろん、「地方公共団体は、住民の福祉の増進を図ることを基本として、地域における行政を自主的かつ総合的に実施する役割を広く担うものとする」という地方自治法一条の二の第一項の規定は、無視できないものです。この規定を踏まえますと、「総合性」は規範であるという認識を否定することはできません。しかし、「総合性」は規範であると考えても、その「規範性」はそれほど強固なものではなく、「従うべき基準」や「標準」のようなものではなく、「参酌すべき基準」のようなものなのかもしれないというような気もいたします。この点については、私のコメントの最後で、改めて触れることにしたいと思います。

それに対して、法律上の扱いはともかくとして、「総合性」という概念は、事実に関わる記述概念としても重要であるし、そのようなものとして扱うべきであるというのが、北山さんのご報告の基本的なトーンであったように思います。日本の地方自治は、「総合性」という経路にロックインされているという認識が、北山さんのご報告の基調であったと、私は理解しております。今日の北山さんのご報告では、日本の地方自治が「総合性」という経路にロックインされるようになったその基点、つまりクリティカルジャンクチャーがいつだったのかについては、少々微妙な表現をされていたような気がしますが、今日の日本の地方自治の現状が「総合性」という経路にロックインされた状態にある、それこそ日本の地方自治の特性なのだというご認識は、明確に示されていたと思います。

どちらの用い方をするか、つまり、「総合性」を規範概念として用いるか、それとも記述概念として用いるかによって、かなり議論は違ってくるはずです。ただし、法学的・行政法学的な観点からは規範概念として用いられ、行政学や政治学の立場からは記述概念として用いられるということではなくて、規範概念として捉えたうえで、そうした規範概念が存在することが、どのような効果を発揮しているのかを政治学的・行政学的に分析することも可能であるように思われます。

片山町長のコメントの中に、「総合性」のある特定の意味を国が自治体に押し付けてくるというご指摘がありましたが、それは、「総合性」という規範が存在していることを前提としたうえで、存在している規範を国がある意味を有するものとして解釈し、その意味を押し付けてくるということに他なりません。こうしたご指摘は、規範が存在することの事実的な効果についてのものです。同様の、規範が存在することの事実的な効果についての記述的な分析は、様々な観点から可能であるように思われます。そして、そうした取り組みは、政治学・行政学の領域に属するものであろうと考えております。

このように、「総合性」は規範概念としても記述概念としても用いることができるし、実際に用いられているというのが、私の基本的な理解なのですが、これ以降のコメントは、基本的には、規範概念として「総合性」に焦点を合わせて進めさせていただきます。

「総合性」を実現すべき「範囲」

内海さんのご報告のなかで、「機能的管轄」という概念と「空間的管轄」という概念が用いられていました。いずれも、地方自治について考えるうえで、たいへんに重要かつ有益な概念だと思います。「機能的管轄」というのは自治体が担うべき、あるいは現に担っている事務事業の範囲に関わる概念であり、「空間的管轄」というのは、都市計画に話を限定しますと、都市計画の総合性を実現すべき空間的な広がりに関わる概念です。

そして、自治体を対象としたアンケートへの回答の中に、とりわけ「空間的管轄」に関わる問題として、近隣の自治体が実施している施策が、回答した自治体に不都合な事態をもたらしているという趣旨のものがあったと話されていたように記憶しております。このご指摘を踏まえますと、それぞれの自治体が総合行政に取り組もうとすると、あるいは総合行政主体としての活動を展開すると、そのことが近隣自治体に、近隣自治体の側は望んでいないような波及効果をもたらして、近隣自治体が総合行政を実現することを困難にするというようなことが生じる可能性が、重要な論点として浮かび上がってきます。「外部性」の問題、あるいは「部分最適」と「全体最適」のジレンマという問題です。内海さんはご報告の中で、都市計画の総合性と個々の自治体の総合性はイコールではないということを強調していらっしゃいましたが、それはまさに、「外部性」の問題、あるいは「部分最適」と「全体最適」のジレンマについてのご指摘です。そうした問題が存在するとすると、それでは、どちらの総合性を重視すべきなのか、あるいは優先的に実現すべきなのか、対立・競合する複数の「総合性」をどのように調整すべきなのかといったことが、「総合性」について検討を進めていくうえで、重要な論点になります。

それとともに、「総合性」をどのような意味で捉えるにしても、ある特定の意味を有するものとして理解された「総合性」を、どのように実現していくのかということも、重要な検討課題であるように思います。それぞれの自治体が単独で「総合性」を実現すべきなのか、それとも、近接する複数の自治体が協力し合い、連携して「総合性」を実現するほうが望ましいのかといったことがまず論点になると思います。これは入江さんのご報告の「手段多様化傾向」にも関連した論点です。

それとともに、もし「統合性」という概念が、単一の主体が企画から実施まで一貫して行うという意味のものであるとしますと、担い手の交替が生じてはならないということになりますが、そのように考えてよいのかということが、内海さんの「管轄」についてのお話しとは少しずれてしまうのですが、重要な論点となるように思います。例えば、企画立案は自治体が行うけれども、実施は地方独立行政法人や指定管理者等を利用して、あるいは能勢町が豊中市に消防業務を委託するようなやり方で、他の主体に任せてしまう。そのように企画と実施が分離されているけれども、それはそれで「総合性」の要請にかなったやり方であると主張することができないかどうかということが、検討すべき課題となるように思います。

それから、北山さんのご報告との関連では、教育委員会や、あるいはアメリカなどのポートオーソリティーのやり方、すなわち、様々な特定目的自治体を創設して、それぞれの特定目的自治体がその管轄領域、内海さんが使用されていた概念を使うならば「機能的管轄」の範囲内で一貫して行政を行うような仕組みは、「総合性」の要請にかなっているのかどうかということも、重要な論点ではないかと思われます。

「総合性」は「ルール」ではなく「原理」である

これまでに述べてきたことを踏まえつつ、「総合性」という言葉を改めて考えてみますと、調整の要請根拠として「総合性」という言葉が使われているのではないかという気がします。それとともに、「総合性」という言葉を用いて求められている調整は、多次元的なものであるよう思われます。

まず、自治体の部局相互間の調整を挙げることができます。これは、総合計画の「総合性」に関連した調整です。縦割り行政の解消が目指すべき目標とされ、そのために必要な調整が、「総合性」という言葉を用いて語られているわけです。それとともに、自治体相互間の調整の必要性が語られる際にも、「総合性」という言葉が用いられているように思います。自治体相互間の調整は、連携、補完、そして、究極的には合併によって実現されることが期待されているわけですが、調整が必要な理由として「総合性」ということが主張されているように思われます。さらに、場合によっては、自治体と他の組織・団体との調整の論拠としても「総合性」ということが語られることがあるかもしれません。また、もしかすると、自治体と国との関係に関連して、片山町長のコメントにあったように、国が一方的に何かを自治体に押し付けるのではなくて、自治体の要望と国の方針とをうまくすり合わせていくための調整作業が必要であるという文脈でも「総合性」という言葉が使われる可能性があるかもしれません。

そのようなことを踏まえて、規範概念としての「総合性」は、法理論的には、「ルール」ではなく「原理」として理解するのが適切ではないかということが、最後に述べておきたい点です。

ルールと原理の区別は、あえて単純化しますと、ルールは、従うか従わないかの、オール・オア・ナッシング的な対応しか採り得ない規範であるのに対して、原理は、従う程度ということを考え得るような規範であると言っていいだろうと思います。同じことを、やや異なる視点から捉え直しますと、ある具体的な状況において、相互に矛盾したことを要請する二つのルールが存在する場合、そのうちのどちらかは無効であると見なして、それを順守することを放棄せざるを得ないのに対して、相互に矛盾することを要請する二つの原理が存在する場合には、いずれの原理も有効なものであると見なしたうえで、それぞれの原理をどの程度重視するかを判断することが求められるということになります。

我が国の実定法上の、地方自治に関連した原理的なものについては、一番上位に「国民主権」、「基本的人権の尊重」、「平和主義」という憲法の三大原則があって、その次に、片山町長もお話しされていた「地方自治の本旨」が、これも憲法上の原理としてあり、さらにそれにぶら下がる形で、地方自治法に規定された様々な原理があるという理解が可能であるように思います。そうした観点から地方自治法を改めて読み直してみますと、最初のほうの一条、二条あたりに、自治体に対する原理・原則的な要請がたくさん書かれております。一条の二第一項には「住民福祉増進の原則」や「自主性の原則」、そして今日のこのシンポジウムのテーマである「総合性の原則」が規定されていますし、他にも、二条一一項・一二項に規定された「国と地方公共団体との適切な役割分担の原則」や、二条一四項に規定された「最小経費最大効果の原則」のような多様な原理・原則が、地方自治法に書き込まれています。

このような地方自治に関連した様々な原理の存在と、それらの原理相互間の階層的関係を前提としますと、「総合性」いうのは「地方自治の本旨」にぶら下がっている地方自治法上の諸原理・諸原則のうちの一つに過ぎないというのが、法理論的な観点からは、適切な理解であるということになるのではないかという気がいたします。

そうした理解を前提として、それでは、自治体は「総合性」という規範的なもの、原理も規範ですから、この規範的なものにどう対応していくべきなのかということを考えますと、まずは、憲法と地方自治法に規定されている様々な原理・原則のすべてを、最大限に充足・実現するように努めるべきであるということが、大原則であるということになるだろうと思います。けれども、ある特定の原理の充足・実現に努めることが、それとは別の原理の充足・実現を困難にしてしまうような、異なる原理が相互に競合し合うような状況も考えられます。そのような状況においては、競合する諸原理のうちのどれを、どの程度優先的に考慮すべきかという比較衡量が必要になりますが、そうした比較衡量は、上位の原理である「地方自治の本旨」との整合性という観点から行われるべきであるということになるはずです。もっとも、「地方自治の本旨」というのは、きわめて抽象的な原理ですから、この原理が何を要請しているのかを判断することが困難であるような状況が少なくないと考えられます。そのような状況においては、憲法の三大原則を踏まえて、「地方自治の本旨」が要請しているものは何かを判断すべきであるというのが、原理相互間の階層的関係を前提としたときに導き出される答えだろうと思います。

こうした認識を踏まえて、「総合性の原則」に立ち戻りますと、「総合性の原則」というのは、階層的には「地方自治の本旨」よりも下位に位置づけられる複数の原理のうちの一つですから、個別具体的な状況における原理相互間の調整作業を通して、状況特定的に、それが何を要請しているのかや、その要請が尊重される程度が確定されるべきであるということになるはずです。そうしたことが、私が今、規範概念としての「総合性」について考えていることでして、こうした考え方は、基本的には、片山町長がイメージされている自治における「総合性」、自治体主体の「総合性」の実現ということと、同じことになるのではないか思います。

私のコメントは、以上で終わらせていただきます。ご静聴いただき、ありがとうございました。

○報告者応答

金井：それでは、報告者のお三方にそれぞれ応答いただければと思います。報告順に従って入江さんのほうからリプライをお願いします。

入江先生からの応答

入江：はい、承知しました。片山町長、それから阿部先生、非常に貴重なコメントを頂戴しまして、ありがとうございました。

片山町長のコメントへの応答

まず片山町長のコメントですけれども、私の拙い報告に対し、共感を得たというようなことをおっしゃっていただきまして、私自身も非常に心強く感じたところです。ありがとうございます。やはり現場で長く自治を見てこられ、けん引されてこられた町長のまさに肉声を拝聴できて、私の研究の方向性もそれほどおかしなものではないのかなと力を得た思いです。

やはり、拡大傾向を持ってしまう、そういった総合性という言葉がどこからの発信で出てくるのかということについては、よくよく気を付けなければいけないと思っているところです。また、圏域につきましても、補助金で連携に誘導する仕組みということについて苦言を呈していらっしゃいましたが、私もその思いはまったく同じでして、圏域の構想でも非常に微妙な関係性があるというのはよくお聞きするところです。

例えば、連携中枢都市と周辺の市町村とが片手では握手をしながら、片手では陰で殴り合っているような状況だということも見聞きしたりしますし、あるいはステルス合併ではないかというようなことも言われたりするわけです。特に、そういった圏域を構想するようなところというのは平成の大合併の時にもいったん検討されたところも多いわけでして、その影をまだ引きずっている部分もあると思われます。そうしますと、なかなか一筋縄ではいかない関係が市町村の間にはあるということになりますので、なおさら国のほうで、形を決めて、枠をはめて、これに乗っかってやれと言われるのは非常に違和感があると考えられます。

ですので、町長もおっしゃっておられたように、多様な連携ということをこれから住民ニーズに合わせて積み重ねていくと、その多様な連携に対する許容と寛容さ、そういうことが住民の中にも社会的にも、何より制度としてもこれから求められていくのかなと思うところです。まさに住民の選択と住民ニーズに基づいて、それが住民の政治参加に基づいてなされるというところがやはり一番のポイントではないかというふうにコメントをお聞きして思った次第です。

これからも自治の最先端をぜひ町長にけん引をしていっていただきたいと思います。北海道ならではの地域的な特性、課題を多く持っていらっしゃるということもコメントの中で拝聴して分かりましたし、例えば北海道は本当にエリアが広いですから、圏域もさまざまに複合的に重なったりしているところもあるとお聞きしていますので、そういったことはまさにこれからの自治の仕組みということを考えていく中でも先進的なお取り組みでいらっしゃるかなと思います。ありがとうございました。

阿部先生のコメントへの応答

それから、阿部先生のコメントについてです。コメントを頂きましてありがとうございました。大変に勉強させていただきました。

先生が整理された中で、最終的に憲法の三大原則があり、その下に地方自治の本旨があり、地方自治法上の諸原理があるのだという整理は非常に分かりやすく、すっきりしておりまして、私の中にもすとんと理解できたところです。そういった理解に立つとなると、総合性ということだけを殊更に型にはめて求められるということにはやはり違和感があるなという思いをいたしました。

それから、総合性はどの範囲で実現すべきなのかとおっしゃったところですけれども、政策領域の広がりということでいうと、放っておくと拡大傾向を持ってしまうというのが総合性の概念かと思いますので、そういったことからすると、やはり、これまでは規範概念として捉えられてきたことの証左ではないかなというふうに思いました。

ただ、これからは空間的な管轄ということも含めてですけれども、どのサービスを提供するためにはどのようなところとどういう連携をすればいいのかということを市町村の方々、住民の方々ご自身が選択していかれるということでいうと、やはり自己選択に基づいた上での総合性というものが原理として、程度の問題として実践されていくべきかと思います。

北山先生のコメントへの応答

ですので、北山先生が例で出してくださった、能勢町が豊中市に消防委託というのはまさにいい好例だったなと思うのですが、どういった主体に対して何を自分たちが必要としているかということを個々にアプローチをして、多様な連携ということをつくっていかれるという作業、これは大変な作業かなと思いますけれども、そういったことがやはり現場から必要性に応じて出てくるということが本来の姿ではないかなと思うところです。

それから、調整の要請根拠としての総合性ということをコメントでおっしゃっておられましたけれども、これは私の全く個人的な感覚ですが、調整という言葉ですとか、何も文脈がない形では総合性という言葉というのはある意味マジックワードだと思っておりまして、しばしば、調整とか総合性という言葉の中にいろんなことが丸め込まれてしまうことがあるわけですよね。ですので、その使い方には十分、我々も含め留意していかなければいけないなと思っているところです。ありがとうございました。

会員の質問への応答

それから、事前に他に会員の方々からいただいた質問についても、ここで少しお答えしてよろしいでしょうか。

金井：はい、お願いします。

入江：ありがとうございます。まず、一点目が道州制についてのご質問です、なぜ今現在、全く動いていないのかというようなことで頂戴しましたけれども、私の報告の中で少し言及させていただきましたが、道州制自体がやはり同床異夢の概念とよく言われているところだと思います。道州制という文言は同じでも、それを主張する主体によって、例えば枠組みですとかそこに盛り込む内容、意図するところが全く違ってきたというのが実情かと思います。また非常に政治的な意図とも近しい概念だと思いますので、現在は政策の窓が開いていない状況なので議論されていないのではないかと思います。ただ、片山町長もおっしゃっておられましたけれども、私自身は非常に現実性としては薄いというか、実現性としては低いのではないかと思っているところです。

それから二点目に頂いた質問で、特別自治市の可能性についてです。

これは、やはり指定都市の方々からすれば特別自治市への移行というのは、いわば悲願ではないかと思うところで、横浜市なんかも非常に熱心に取り組みをされていらっしゃいますけれども、やはり事務事業の実施に見合うだけの財源が指定都市に移譲されていないというところがそもそも一番の問題かと思います。

それに加えて、力のある指定都市が県との関係性ということで二重行政になっている部分もなきにしもあらずではないかと思います。二重行政がすべて悪い、あるいはすべて無駄だという単純な議論ではありませんが、これについては、例えば世界の仕組みを見ましても、先ほど、一国一制度に取りつかれているというようなコメントも頂戴しましたが、日本はそこに固執しなくてもいいのではないかなと思っていまして、やや、楽観的かもしれませんが、さまざまな、それこそ多様な自治制度が認められてもいいのではないかと思っています。

例えば、やや極論かもしれませんけれども、アメリカのカリフォルニアの例で考えますと、コントラクトシティーの存在があります。例えばレイクウッドが自治体になった時は、カウンティとの間で契約をし、カウンティから行政サービスの提供を受けることによって独立したという経緯があります。アメリカと日本では国の形が違うのでそこまでは、というご意見もあるかもしれませんが、ただ、本当に住民が選択し、仕組みもサービスもそれでよいということであれば、そこは許容されてもいいのではないかと思うところです。

それからもうお一方から、市町村をひとくくりに考えることの妥当性についてどう考えるかということで、ご質問を頂戴しました。

この点についてですが、ひとくくりに考えることには非常に無理があると思っております。横浜市から青ヶ島村まで、これはちょっと人数の幅があまりにも広がり過ぎる。ただその中で、憲法上、画一性の要請ということの中で縛りがあるわけですね。これは相当な無理があると思います。

そうした時に、これも自治体の自主性の下に総合性が本当に選択できるということが保障され、許容されるのであれば、自治体の側がこれはできる、これはできないというようなことをこれからは声を大にして選択されてしかるべきではないかと思います。例としてふさわしいかどうかわかりませんが、総務省で私が参画した研究会ではそういう意図での報告書の書きぶりについてお願いをしたことがありますが、報告書の形にする時に市町村と一つのくくりにするのではなくて、できる限り、中小のところではこういう課題があるというような研究をしていただいたり、あるいは中小の規模の自治体、町村なんかではこういう先進的な取り組みをしているところがあるというようなことをできるだけ報告書などに入れていただいて横展開してもらうといった取り組みも、すごく小さな一歩ですけれども、そういうことから始めてもいいのかなと思います。
すみません、長くなりました。以上です。ありがとうございます。

金井：ありがとうございます。それでは、続きまして内海さん、お願いします。

内海先生からの応答

内海：内海でございます。片山町長、阿部先生、貴重なコメントありがとうございました。片山町長におかれましては都市計画についての問題を的確かつ手厳しくご指摘いただいたと思っております。そして、ニセコ町の自治体の先駆的な取り組みをご教示いただきました。

総合性を考える場合に、自主的にその範囲を設定していくという考えについては、私もそのように考えているところです。例えば、景観に関して、住民の意向を踏まえて景観条例を制定し、運用されているという話がありました。住民の意向を踏まえて総合的に対応する範囲を決めていらっしゃると理解しました。具体的には、あえて数値規定は入れず、条例に定める住民説明会を通じて話し合いや相互理解によって地域が求める土地の利用を図られている。この時、住民の意向は総合的なものであり、したがって、総合的な土地利用となると考えられます。この度の報告における方策の提示では、住民の参加や意向の反映が総合的都市計画の実現につながるという点はご提案できなかったのですが、町長のご説明で、自治体の総合性を実現する可能性を条例に込めることができることを確認できました。

また、片山町長から、自治体間の協議と調整に基づく計画の問題点や条例において財産権規制を可能とすることへの問題提起がございました。報告では、計画間の整合を可能にする制御が重要であることを述べました。また、都市計画体系に関連して、市町村が制御を行う具体の手法を持たないことも指摘いたしました。しかし、条例における、こうした制御をは、財産権の規制や自治体自らを拘束するものでもあり、この点については、個別法との関係を考えて検討しなければならないと考えます。これまで、自治体の実態を踏まえて土地利用規制について都市計画法制や都市計画に関する条例を検討してまいりましたが、総合性の観点から条例をとらえた場合、条例の可能性や限界についてさらなる検討の必要性があることがわかりました。本日ご教示いただいたことを踏まえて引き続き検討を進めていきたいなと思っていたところです。どうもありがとうございました。

阿部先生のコメントも非常に勉強になりました。ありがとうございます。「総合性」の規範論について明快な整理をされていると思いました。

幾つかの論点が投げかけられましたので、私の報告に関連する範囲で考え方を述べさせていただきます。

まず一つ目は、自治体にとっての計画の整合とは何を意味するのかという点です。規範的な事務を整合的に行っていくことが総合性の原理的な意味とおっしゃいました。これを行政活動の範囲（権限の範囲）、「管轄」という観点から捉えると、空間的管轄における空間相互の整合、機能的管轄の分野相互の整合をさせることがあてはまるといえます。都市計画の場合、「計画」は、「全体性」という性格を考慮して対象とする空間を示すとともに、各対象空間を調整・整合させる道具として、さらに「時間性」を踏まえた内容を示すため、将来を予測し、目標像とそれを実現するプロセスを示す道具として機能することが想定されています。つまり、総合性の原理を計画間相互の整合によって実現することが目指されてきたといえます。

その上で、総合計画の在り方を考えるならば、都市計画は総合計画の一分野ではありますが、都市計画と同様に総合計画によって空間的管轄、機能的管轄における各種計画を整合させ、実現させることで、一貫した政策が実現することになると考えられます。そして、その前提として、自治体が自主的な政策を展開するために、整合の範囲や基準を設定することが必要ではないかと考えているところです。

二つ目に、総合性はどの範囲で実現されるべきなのかという点です。先ほどニセコ町の実態としてご紹介がございましたように、総合性を上位機関が要請するものではなく、住民のニーズに応えることが目的であるとすると、自治体によってその範囲は異なる可能性があります。この場合、阿部先生のご指摘のとおり、自治体間相互の関係において「外部性」の問題、あるいは「部分最適」と「全体最適」のジレンマが生じることになります。したがって、これを調整するための何らかの方策あるいは技術が必要となるわけですが、その一つが、都市計画技術として紹介した計画体系と計画間調整ではないかと思っています。前者の計画体系は、計画の範囲に応じて計画相互の位置付けと整合の基準を示し、それに基づき調整がされるというもので、後者は、住民の意向を反映した計画を示し、それを根拠に主体間が調整を行うというものです。現実的には、政治的な判断で調整がされることになりますが、ジレンマを解消する方策であり、これまでも自治体で試みられた方策だったのではないかと考えられます。しかし、この計画行政が総合性を確保するものになっているかはあらためて検討をする必要があると思います。

三つ目に、総合性を原理として見るか、ルールとして見るかという点です。都市計画の理論と実態から見た場合、単純に考えると、総合性が都市計画の性質である「全体性」と重ね合わせることができるとするならば、原理的なものであるといえ、その一方で、それを実現するために「制御」が求められるとするとルールとして見ると整理しやすいように思いました。ただし、これは、十分に検討されたものではありませんので、阿部先生のお考えを踏まえた上で、実態に照らして検討してみたいと思います。

参加者のなかから事前にご質問をいただきました。ありがとうございます。私からは、北村先生からのご質問にお答えしたいと思います。北村先生のご質問にある「市町村をひとくくりに考えることの妥当性についてどう考えるか」という問題関心の背景には、小規模自治体には人材や財源等の法律の要請に応える体力がないという実態があります。

実際、日本都市センターの調査（「超高齢化・人口減少時代の地域を担う自治体の土地利用行政のあり方」二〇一七）によれば、都市計画所管の職員は、人口が五万人未満の自治体では一人以下という団体が四〇%であるという結果があります。報告においてもお示ししたように、総合的都市計画を実現するためには、計画の策定と空間的管轄及び機能的管轄において計画を整合させる必要があります。このような業務を一人の職員が行うことは現実的ではありません。

例えば、フランスにおいては、地域の即地的で詳細な計画として「都市計画ローカルプラン」（Plan local urbanism：PLU）があります。ご存じのようにフランスは基礎自治体の規模が非常に小さい国です。フランスの小規模自治体への計画策定や計画間調整の対応として、プランを策定するか策定しないかは自治体で選択できることになっています。そして、策定しない場合は国の全国基準が適用され、あるいは簡易な計画として策定することも可能です。さらには、自治体連合体（EPCI）において統合的な計画が策定される場合もあります。計画の策定及び計画間調整を自治体の規模や体力に合わせて選択していけることも総合性を実現する一つの方策ではないかと思います。

以上をいただいたコメントに対する返答とさせていただきたいと思います。ありがとうございました。

北山先生からの応答

金井：どうもありがとうございました。それでは続きまして、北山さん、お願いします。

北山：お二人、ありがとうございました。あえてちょっと論争的な回答をいたしますと、町長からも松下圭一さんなんかを引きながら、いまだに自由度が広がっていないとか、あるいは阿部先生の報告のほうでも中央政府、押し付けてくる中央政府というような言い方があって、今までもこのような議論がずっとされてきたと思うんですけれども、それに対して、あえて先ほどのセラーズさんの表を出したのは、福祉国家とか北欧とかいう視点も加えて見ていただきたいなということなんです。

北欧の場合は社民党が非常にずっと強くてというところで随分違ってくるところがあるんだと思いますけれども、日本の場合も押し付けてくる中央政府とはいいながら、阿部先生が言ったみたいに国民主権の国ですから、以前の官僚主導型の明治政府ということではなくて、今や民主化された国会になっているわけです。戦前とはちょっと違ってきてるはずであるということなんですね。北欧ということで考えていくと、ある程度のコントロールは受けながら、いろんな政策を実施しているという国のやり方もあるということなんです。

あるいは西尾勝先生のお話もありましたけれども、歳入の自治があるかないかということになってくると、例えばアメリカなんかがそうなっていて、アメリカのやり方でいくと、ほんとに福祉国家が成立できるのかどうかということも考える必要があると思うんです。特にこれから歳入が非常に少なくなってきていることを考えた場合には難しいんじゃないかということです。

その歳入の自由というような言い方でいきますと、例えばアメリカのカリフォルニア州で有名な「プロポジション13」というのがあったんですけども、「納税者の反乱」というような言い方がされたわけですね。納税者が「もうそういう大きな政府なんかはこりごりだ、もっとこの範囲でやれ」みたいな形になってきた。

納税者の自治といいますか、納税者がむしろ政府に対して、団体自治に対して文句を言ったみたいなところがあるので、ここはまた住民自治と団体自治の切り分けを考えなきゃいけないところなわけなんです。そして歳入の自治や納税者の自治をつきつめていくとどういうことが起こってくるのかというと、結局、金持ちがそれで助かっているという側面があるわけなんですね。

片山町長のような方に任せていくと大丈夫だと思うんですけれども、そうじゃないようなこともこれからどんどん出てくるんじゃないか。今までは自治体に任せた方が中央政府にやらせるよりもよくなっていくということだったと思うんですけれども、これからもそうなっていくのかどうかがちょっと分からないんじゃないか。ここは政治学とか政治経済学とかの議論でいくと、「福祉の磁石」とか「底辺への競争」みたいなことが起こりえる。自治体には貨幣の発行権もないですし、住民は移動が自由ですので、どんどん金持ちは逃げていくと。逆に福祉を必要とする人たちがどんどん入ってくるというようなことになると財政赤字になって大変なことになってしまうという理論があるわけです。ですから逆に、福祉を切り捨てて金持ち優遇をするということが市町村にとって合理的になりえる。そうすると、「底辺への競争」が始まるかもしれない。

それは今までは心配しなくてもよかったところもあったわけなんですけれども、阿部先生自体が論文で論じられているように、公営住宅なんていうものは要らないというふうになっていく可能性が特に今後は出てくるということなんですね。そうすると、福祉国家というのがちゃんと維持できていくのかどうかというようなことにもなってくるかもしれないそのような時に、例えば北欧のNationalizedな国のことを考えておくことによって、また新しい発想ができるんじゃないかという気持ちが私のほうにあります。どんどん切り捨てて競争が起こっていく可能性があり得るんじゃないかということであります。

もう一つ、阿部先生のほうのコメントでいいますと、私のほうは、どうしてこういうふうになってきているのかという因果推論というほどではないんですけれども、ストーリーを考えてきたわけですね。決定的な岐路（critical junctures）としては、明治維新から地方自治制度の創設、戦時期の総力戦体制、そして占領改革を考えています。どうしてこのような国になって来たのか、その長所と短所は何だろうかということを考えたいわけです。

もう一つのコメントについてですが、アメリカなんかを見てると、スペシャルディストリクトですよね、特殊目的のための政府がいっぱいあったりして、そういうのがあることによると、日本的な意味での自治体（一般目的のための政府）がいろいろとやるという意味での総合行政にはなっていないのではないかと思います。そうすると、いろんな意味で福祉国家的な統合がなくなってくるんじゃないか。日本では、逆に、教育の分野において首長の役割を増やしていっているので、今後の展開を注意して見守っています。市町村と学区を分けた方がいいのか、市町村内で首長部門とある程度分けた方がいいのか、逆に教育委員会など不要ではないかという議論ですね。

もう一つの事前に頂いたのにお答えしますと、北欧的なやり方でいくと、もう合併してやっていこうというような考え方であったということですし、アメリカのやり方でいくと、小さくてもいいんだみたいなところもあると。ドイツとフランスも小さい自治体なんですけど。だけど、小さくてもいいっていうのも、すごく独善的な形で、金持ちだけが集まって、ゲーテッドシティーを作っていこうというような自治っていうのも、実際にアメリカなんかでは存在しているんですね。

そういう自治も含めていいと考えるのかどうかというのは、ちょっとまた難しいところもあるということで、どちらを選ぶのか。より自由度を上げていって、福祉国家的なものでなくても、もっと新自由主義的なやり方でもいいと考えるのか、あるいは福祉国家をちゃんと維持したほうがいいと考えるのかという議論も、自治とか、自律性を考えるときには重要だということを一つの回答としたいと思います。

アメリカではもう日付が変わって、深夜になっているので、以上で終わりにさせてください。

○総括

金井　利之（東京大学法学部教授）

金井：ありがとうございます。本来ならばフロアの方からも質問をお受けしたいなというふうに思っていたんですけれども、ちょっと司会の不手際で、もう残された時間が三分しかありませんので、締めに入らさせていただければと思います。

今日のお三人の報告、それから二人の討論、総合性についてはいろいろ解釈があり、場合によってはマジックワードになり得るというものなわけでありますけれども、しかしながら、やっぱり原理としても掲げられているので、それがどういう働きを持っているのかというのは今後の二一世紀、第二の四半期でもかなり大きな問題かなとは思っています。

とともに、お三方の報告、それから株式会社ニセコまちの話もありましたけれども、討論者のお話を聞いても、総合性の話が実は民間との連携もあります。地制調でも連携は都道府県や市町村間だけではなくて、民間、ＮＰＯも含めてというところもあります。内海さんの報告でいきますと、「制御」の問題として、実は民間事業者に非常に負ってる。というか、もっと言えば、民間事業者を「制御」

できていないということが、非常に大きなまちづくりの要因にもなっております。北山さんの話で言えば、北欧型との違いは大きな政府か小さな政府かの違いで、政府セクターの中の比率は北欧と似ているかもしれないけれども、一国におけるサービスにおける比重はやっぱり小さいでしょう。民間セクターと政府セクターを入れた意味での「総合性」も、さらに考えていかないと、やや議論が中途半端なところで止まっちゃうかなという気がします。もう少し私自身も考えを深めてみたいなと啓発された次第であります。

ということで、今日は皆さんのご協力をいただき、北山さんにおかれては、時差により深夜労働を迫ることになって誠に申し訳なかったんですけれども、参加した皆さんにも少しでも何か考えるヒントになっていただければなと思います。

以上をもちまして、日本学術会議と自治体学会の共催のシンポジウム、これで閉じさせていただければと思います。

参加した皆さん、報告者、討論者の皆さん、どうもありがとうございました。

改題1

自治体と総合性をめぐって

嶋田　暁文（九州大学大学院法学研究院教授）

はじめに

本シンポジウムは、充実した報告と刺激的な討論により、実に多くの示唆と興味深い指摘を含むものとなった。

しかし、他方で、「総合性」概念の理解の内実が報告者ごとに必ずしも一様ではなかったことから、戸惑い、混乱してしまった聴衆者も少なくなかったのではないかと推察する。また、全体を総括するための十分な時間がとれなかったために、三つの報告と二つの討論コメントを踏まえた上で、「どのように考えるべきか」について、十分に論じられないままに終わった感も否めない。

そこで本稿では、第一に、「総合性」概念をめぐる整理を行う。第二に、各報告および討論コメントの位置づけを試みた上で、本シンポジウムの議論をどのように受け止め、どう考えるべきかについて、筆者なりの私見を提示する。以上の作業を通じて、本シンポジウムの内容理解とさらなる議論の発展に資することが、本稿の目的である。

一　「総合性」をめぐる理論的整理

まずは、「総合性」についての筆者なりの理解を示すことから始めることにしたい。

一―一　事務配分原理・権限配分原理か、行動原理か？

「総合性」は、阿部昌樹氏が指摘するように、「原理」として理解すべきである。ただし、問題は、「何に関する原理なのか」という点にある。

この点、「総合性」は、「事務配分原理もしくは権限配分原理である場合」と、「行動原理である場合」とがある。

前者の場合の「総合性」は、単一の自治体ができるだけ幅広い政策分野を所掌し、企画立案から実施までを一貫して担えるように「事務や権限を配分」することを要請する原理を意味する。この原理を極限まで貫徹することを志向するのが、「総合行政主体論」[1]である。それは、〝基礎自治体は、「地域の総合的な行政主体」として、福祉、教育、まちづくり等住民に身近な事務を、都道府県に極力依存せずに自己完結的に処理できるべきであり（＝市町村自己完結主義（自前でのフルセット主義））、それゆえ、自治体規模は拡大すべきである〟という考えにほかならない。

一方、後者の場合の「総合性」は、すぐ後に詳しく述べるように、「関連する政策・施策の間の調和と調整を確保する」など、多様な「行動」を自治体に要請するものである。

それぞれ、事務配分原理・権限配分原理としての「総合性」と、行動原理としての「総合性」と呼ぶことにしよう。両者は、識別されなければならない。

一—二　行動原理としての「総合性」の三類型[2]

上記の通り、行動原理としての「総合性」の内実は一様ではない。そのため、多くの場合、漠然と理解され、せいぜい「調整のための根拠・名目」として言及されるにとどまってきた。そこで、まずはその内実を明確化することから出発しなければならない。本シンポジウムの中でも登壇者によってそうした作業が行われてはいるが、改めて筆者なりに、その内実の類型化を行いたいと思う。結論を先に言えば、それは、大きく分けて三つに類型化できる。

いわゆる第一次分権改革を受けて新設された地方自治法一条の二第一項は、「地方公共団体は、住民の福祉の増進を図ることを基本として、地域における行政を自主的かつ総合的に実施する役割を広く担うものとする」と定めている。入江報告でも言及されているが、ここでの「総合的」は、「特定の行政における企画・立案、選択、調整、管理・執行などを一貫して行うという総合性」と、「関連する行政の間の調和と調整を確保するという総合性」という両面を有しているとされる（松本二〇一七：一四）。ここでは、前者の意味での総合性を①「プロセスに着目した総合性」、後者の意味での総合性を②「機能に着目した総合性」と呼ぶことにしたい。さらに、これらに加えて、その内実は後述するが、③「空間に着目した総合性」も考えられる。以下、順番に見ていくことにしよう。

一―二―一　プロセスに着目した総合性

「プロセスに着目した総合性」は、企画・立案から実施、評価までを一貫して行うことを意味し、「政策立案は国、実施は自治体」という分権改革以前の役割分担図式からの脱却を含意している。第一次分権改革によって実現した機関委任事務制度の廃止は、まさにこうした意味での総合性を実現させるための条件整備（＝通達からの解放）を意味していた。

この意味での総合性を実現することの実質的な眼目は、現場情報と実施に伴うフィードバック情報を政策立案に生かし、より実態に即した政策を（再）形成することにあると言えよう。言い換えれば、国の法制度では十分に対応できない部分を、自治体が条例等で独自に補完・修正を図ることが期待さ

1　こうした総合行政主体論は、二〇〇二年一一月一日、地方制度調査会専門小委員会に提出された、いわゆる「西尾私案」で示され、その後、総務官僚・山﨑重孝による論考（山﨑（二〇〇三a、二〇〇三b、二〇〇四～二〇〇五）など）で詳細に展開された考え方である。

2　この項の記述は、嶋田（二〇二〇）に依拠していることをお断りしておきたい。

れているわけである。

しかしながら、第一次分権改革後も、従前どおり、国が示すマニュアル等に従って粛々と仕事をこなすことに終始してしまっている自治体職員が圧倒的に多いように思われる。その原因は、（イ）そもそも、機関委任事務制度が廃止されたと言っても、個別法令や補助金を通じたコントロールは健在であるため、企画・立案の事実上の自由度はなお限定的である、（ロ）分権改革の成果を生かし、問題解決のための政策を立案したり、ルール・基準・手続きなどを見直して地域の実情に合った行政運営を実現したりする「力量」が自治体職員に不足している、（ハ）自治体職員に「変える」という発想自体が欠落している（＝与えられた仕事をこなせばよいと認識されている）、（ニ）「変える」必要性を認識できていない（＝現状の仕事の仕方でも特段の問題はないと思っている）、（ホ）問題が認識されても、〝手間や負担を回避したいという発想が先立つこと〟で、新たな取り組みにつながらない、（ヘ）国の発出する通知やマニュアルに従って仕事をこなす方が楽である、など多様だが（嶋田二〇二四：第六章）、その根底には、（ト）業務に追われ、全く余裕がないという自治体職員を取り巻く状況がある。

そうした多忙さがもたらされている原因もいろいろあるが、その一つが、事務配分・権限配分原理としての「総合性」であると考えられる。この原理に基づく限り、新たな社会課題への対応として新たな法律が制定されたり、政策が展開されたりする場合、その実施は、原則として（国の出先機関を通じてではなく）自治体を通じて行われることになるからである。事務配分原理・権限配分原理としての「総合性」の追求は、それに見合った人的リソースの拡充を伴わない限り（つまり、人員不足状況の下で行われると）、多忙さを惹起し、逆に行動原理としての「総合性」の実現を困難にさせてしまうのである。

一―二―二　機能に着目した総合性

「機能に着目した総合性」とは、すでに述べたように、「関連する行政の間の調和と調整を確保するという総合性」のことを指す。これは、「縦割り行政の是正」とほぼ同義的な意味合いである。

それは大きく分けると、二つの次元で求められる。「政策・施策・事業」の次元と、「個別具体的な問題対応」の次元がそれである。（ただし、どちらの次元に属するのか判断しがたいケースもありうるのであり、あくまで理念型としてご理解いただきたい。）

①「政策・施策・事業」の次元で求められる「機能に着目した総合性」

「政策・施策・事業」の次元で「機能に着目した総合性」が求められるのは、第一に、機能代替的な役割を有する部局間での意思疎通や調整が十分なされなかったために、非効率な結果が生じる場合があるためである。農道と道路法上の一般道が並行するように建設されてしまうとか、公共下水道と農業集落排水施設と合併処理浄化槽との間で人口密度に応じた適切な棲み分けがなされないというのが、その具体例である。

第二に、関連部局間で政策の方向性が一致せず、チグハグな対応がなされる場合があるためである。都市計画部局は「コンパクトシティ」を目指しているのに、下水道部局が郊外部まで広げる形で下水道を整備するという既存方針を維持し続けるというのが、その具体例である。

第三に、人口減少・税収減のトレンドの中で財政制約が強まっているためである。すなわち、「関連する行政の間」の中でも「財政と個別政策分野との間」の調和と調整が、各自治体にとっての大きな課題となっているのである。この場合に求められる「総合性」には、「限られた財源の中での政策・施策・事業の優先順位付け」という要素が加わってくることに留意しておきたい。

なお、「政策・施策・事業」の次元で「機能に着目した総合性」を実現するための主要な方策として期待が寄せられてきたのは、「総合計画」を中心とする計画行政である。

② 「個別具体的な問題対応」の次元で求められる「機能に着目した総合性」

次に、「個別具体的な問題対応」の次元で「機能に着目した総合性」が求められるのは、第一に、自治体の複数部局間の連携あるいはNPOや地域団体など民間主体との連携・協働が必要であるにもかかわらず、それがなされないことで、問題解決につながらない、もしくは、問題が生じてしまう場合があるからである。貧困、アルコール依存症、精神疾患、他者とのつながりの欠如、就業する上で求められるスキルや技能の不足など、複数の問題等を抱えて苦しんでいる当事者に対して、民間主体を含む複数の関係組織間の連携が求められるにもかかわらず、それができていないため、問題解決につながらないというのが、その具体例である。

こうした問題の解決のために求められるのが、「多機関連携」(伊藤二〇一九)、「協働」、「ガバナンス」などである。つまり、「個別具体的な問題対応」の次元で求められる「機能に着目した総合性」は、公共部門の範疇にとどまらず、民間主体との連携も含む形で追求されるべき行動原理なのである。

第二に、自治体の複数部局間の連携あるいはNPOや地域団体など民間主体との連携・協働を通じて、より効果的な対応や単独ではなしえない取り組みが可能になる場合があるからである。福祉部局と消費者問題担当部局とが連携することで、高齢者の消費者被害の未然防止がしやすくなるとか、福祉部局と農業部局とが連携すること（＝農福連携）で、「障がい者等の社会参画・生きがい創出」と「農業における労働力不足」の双方を解決できるというのが、その具体例である。

一―二―三　空間に着目した総合性

「空間に着目した総合性」には、全く異なる二つのタイプがある。

①空間的広がりにおける政策的整合性としての総合性

タイプの一つは、「狭域と広域の間、あるいは、隣接する自治体区域をまたがる形で、政策的取り組みの矛盾・対立を解消するという総合性」である。ここでは、これを「空間的広がりにおける政策的整合性としての総合性」と呼ぶことにしよう。それは、「自治体間の水平的な調整」あるいは「市町村と都道府県と国の垂直的な調整」を通じて実現されうる。

たとえば、ある自治体が大規模商業施設を誘致し、当該施設が営業を開始した場合、隣接する自治体Bにおいて振興対象となっている商店街に対して負の影響が生じるかもしれない。こうしたことが生じないよう、自治体相互間で、もしくは、広域自治体である都道府県が介在する形で、調整を図る（＝政策的整合性を確保する）必要がある。内海報告において「空間管轄」の問題として言及されているのはまさにこの問題である。

ただし、「空間的広がりにおける政策的整合性としての総合性」は、都市計画の分野だけで求められるわけではない。「複数の自治体で連携して特定の政策課題に取り組む場合における自治体間の方針の整合性問題」や、「市町村・都道府県・国相互の個別政策に関する方針の整合性問題」などもここに含めて考えることができる。つまり、「空間的広がりにおける政策的整合性としての総合性」は、自治体間連携を行う場合や、都道府県や国の政策方針とのすり合わせが必要な場合において、常に一定程度求められる原理である。

②空間上の資源配分にかかる総合性

タイプのもう一つは、「空間上の資源配分にかかる総合性」である。たとえば、公共施設の建設場所を選定する際に「地域間バランスなど総合的な観点から判断する」などと言われたりする時の「総合性」がこれである。

これは、縮減社会において公共施設の老朽化が進む中、今後、より一層求められていくものと思われる。その意味で、先に述べた「政策・施策・事業」の次元で求められる「機能に着目した総合性」のうち、財政と個別政策分野との調整の問題とも密接に関係することになる。

ところで、事務配分原理・権限配分原理としての「総合性」を過度に追求する市町村完結主義（自前でのフルセット主義）は、上記のうち、「空間的広がりにおける政策的整合性としての総合性」の実現を困難にさせる可能性があることに注意しなければならない。

実際、都道府県による広域調整を強化すべく二〇〇六年に改正された都市計画法が、二〇一一年に改正され、市の都市計画決定等に対する都道府県知事の同意が不要となったことで[3]、隣接自治体から異議が呈されているにもかかわらず、大規模施設を誘致したい市が自らの意向を押し通すことができたという事例も報告されている（村山二〇一八）。市町村が自己完結的に事務を所掌することは、「当該自治体にとっては有益だが、隣接する自治体や周辺自治体に対しては負の外部性を伴うような内容を含む政策的決定」がなされやすくなることを意味するのである。

そうした問題を乗り越え、「空間的広がりにおける政策的整合性としての総合性」を実現するためには、（i）市町村が決定を行う際に都道府県あるいは隣接・周辺自治体と協議することを義務づける、（ii）計画間調整の規定を法律に入れ込むことで、広域計画と狭域計画間での調整を図るように仕向けるなどの制度的仕掛けを改めて再構築する必要がある。

ただし、その内実次第では、「集権化」を帰結する可能性があるため、注意する必要がある。たとえば、「基づき」（例：総合保養地域整備法五条）、「即して」（例：環境基本法一七条二項）、「基本として」（国土利用計画法七条）というふうに国の方針・計画に合わせる形で都道府県計画との調整が図られ、同様に都道府県計画と市町村計画との調整が図られることで、国の方針・計画に示された意向が市町村にまで浸透することになる。

地域の実情とニーズに基づく形で「空間的広がりにおける政策的整合性としての総合性」を実現するためには、基本的に、ボトムアップ型の調整のあり方が求められる。もっとも、「当該自治体にとっては有益だが、隣接する自治体や周辺自治体に対しては負の外部性を伴うような内容を含む政策的決定」を抑制するためには、単純なボトムアップ型でも十分とは言えない。筆者に明確な回答がある

3　町村については、引き続き都道府県知事の同意が必要となっている。

わけではないが、（本稿の最後で論じる「都道府県の復権」という点も関係するが、）「広域的な観点からの調整役としての都道府県の役割を再定義し、現行の調整役から改めて行司役としての機能を付与する」（村山二〇一八：一七四）というのも一案であろう。

一―三　原理としての「総合性」相互の関係

以上を踏まえて、改めて原理としての「総合性」を整理すると、下の**図表**のようになる。

これを踏まえた上で、事務配分原理・権限配分原理としての「総合性」と、行動原理としての「総合性」（のうちの二つ）との関係性について、若干のコメントを加えておこう。

①事務配分原理・権限配分原理としての「総合性」と「機能に着目した総合性」との関係性

事務配分原理・権限配分原理としての「総合性」は、ある程度の事務のまとまりがないと十分な企画・立案もできないという意味で、「プロセスに着目した総合性」の実現にも寄与しうるが、第一義的には、「機能に着目した総合性」の実現を意図したものである。つまり、〝機能に着目した総合性」

図表　原理としての「総合性」の整理

事務配分原理・権限配分原理としての「総合性」	行動原理としての「総合性」				
	プロセスに着目した総合性	機能に着目した総合性		空間に着目した総合性	
	――	「政策・施策・事業」の次元で求められる総合性	「個別具体的な問題対応」の次元で求められる総合性	空間的広がりにおける政策的整合性としての総合性	空間上の資源配分にかかる総合性

を実現するためには、事務配分原理・権限配分原理としての「総合性」が必要となる〟というふうに、両者には順接的に連動する面が確かにある。

しかし、第一に、多くの事務・権限が市町村に委ねられたとしても、国がその事務執行に際しての関与や統制を放棄するわけではない。逆に言えば、総合行政主体を目指せば目指すほど、国からの関与・統制を招くことにつながり、それが「機能に着目した総合性」の実現を（そして、「プロセスに着目した総合性」の実現も）逆に困難にさせてしまう可能性がある（金井二〇二四）。村松岐夫の言葉を借りれば、「自律性」と「活動量」はトレードオフの関係にあり、両者を同時に保持することは困難なのである（村松一九九四）。

第二に、それどころか、事務配分原理・権限配分原理としての「総合性」を過度に追求した結果、市町村（特に小規模自治体）が身の丈に合わない形で広範な事務を所掌することになれば、現場はパンクしてしまう。かといって、合併を通じて自治体規模を拡大すれば、（イ）地域の実情に応じた総合的対応の起点であるはずの住民からの距離が離れてしまったり、（ロ）組織規模が大きくなることで部局間の調整に要するコストが高まり、「機能に着目した総合性」の実現が阻害されてしまう。

つまり、事務配分原理・権限配分原理としての「総合性」の追求は、一定レベルまでは、「機能に着目した総合性」を実現するための必要条件の充足につながるかもしれないが、[4]一定の限度を超えて

4　それゆえ、安易に「アドホックな単一目的自治体」の併存を推奨して、「一般目的自治体主義」を捨て去るべきではない。後述するように、都道府県の補完機能を正当に位置づけ、都道府県との間で適度に役割分担しつつ、市町村の規模・能力に応じた「総合性」を目指すべきなのである（市川二〇一一）。

しまうと、逆にその実現を困難にさせてしまう危険性を有している。事務配分原理・権限配分原理としての「総合性」と「機能に着目した総合性」とは、必ずしも順接的な関係性に立つとは限らず、むしろ緊張関係に立つ面があるのである。

第三に、そもそも、事務配分原理・権限配分原理としての「総合性」に基づき、単一市町村が広範な事務を所掌したとしても、「機能に着目した総合性」が実現されるとは限らない。それは、これまで、いかに「縦割り行政」が語られてきたかを考えれば、自明であろう。事務・権限を有していることと、それを生かして行政分野間の橋渡しをすることとの間には大きな距離があるのである。

②事務配分原理・権限配分原理としての「総合性」と「空間的広がりにおける政策的整合性としての総合性」との関係性

一方、「空間的広がりにおける政策的整合性としての総合性」との関係で言えば、事務配分原理・権限配分原理としての「総合性」は、それが市町村自己完結主義（＝自前でのフルセット主義）につながる場合、その実現をむしろ阻害する方向で働きうる。そのため、事務配分原理・権限配分原理としての「総合性」の要請を一定限度にとどめたり、自治体間の水平的調整あるいは基礎的自治体・広域自治体・国間の垂直的調整のための制度的仕掛けを施したりする必要性がある。

二　本シンポジウムでの議論をどう受け止め、どう考えるべきか？

以上の理論的整理を踏まえ、以下では、まず、三人の報告者の報告および二人の討論者のコメントについての位置づけを試みる。その上で、本シンポジウムでの議論をどう受け止め、どう考えるべきかについての私見を述べることにしたい。

二―一　各報告・討論コメントの位置づけ

以下では、報告順とは異なるが、北山俊哉氏、内海麻利氏、入江容子氏による各報告、そして、片山健也氏および阿部昌樹氏による討論コメントの順で、それぞれの位置づけを試みたい。

二―一―一　北山報告

まず、北山報告は、「事務配分原理・権限配分原理としての総合性」を論じるものであり、行動原理としてのそれを論じるものではない。

まず、「地方の所掌事務が広く」、かつ、「区域内の中央政府の行政機能を、国の出先機関ではなく、地方政府が行って」おり、「内部的に分立的ではなく、首長を中心にある程度の統合がなされて」おり、さらに、「アメリカの学校区のように特殊目的の地方政府が存在するのではなく、一般目的の地方政府が総合的に行政を行っている」行政体制（＝自治体による広範な事務所掌＋融合型＋首長による個別行政分野の統合を特徴とする自治体行政体制）のことを「総合型」[5]と見なした上で（北山二〇一五：八〇）、この体制が日本の地方自治制度においてどのように定着していったのか、その起源あるいは歴史の分岐点が明らかにされている。[6]（ただし、こうした北山氏の議論に対しては、「戦前からの総合行政主体論と、二〇〇〇年代以降の総合行政主体論は別物である。『総合型』という括りで論じてしまうと、近年の地方自治制度における変化をとらえきれないのではないか」といった批判があるかもしれない。）

その上で、「自治体の総合行政の影の部分」への注意が促され、できる限り自治体が広範な事務・権限を所掌すべきという考え方に対して、〝別の道もあるのではないか〟という問題提起がなされている。ただし、北山氏の場合、「総合行政の影の部分」と言っても、この後紹介する入江氏のように自治体にとってのマイナス面を問題とするのではなく、自治体に広範な事務・権限を担わせることによる国民にとってのマイナス面を問題としている点が特徴的である。

最後に、実態としても「総合行政」ではなくなってきている面があるとし、外部委託という選択肢に目が向けられている。なお、「私はあえて、外部委託は総合行政から抜け出る形態であると考えたい」と述べられているが、外部委託を行ったとしても、当該事務の遂行が当該自治体の任務でなくなるわけではない。もっとも、具体例として挙げられている豊中市による能勢町の消防事務受託は、地方自治法二五二条の一四第一項の規定に基づく「事務の委託」であり、民法に基づく委託契約による外部委託と

5　「融合型」の意味は、論者によって一様ではないが、ここでは、〝法律等に基づく事務・事業が国の出先機関を通じて執行されるのではなく、自治体を通じて執行される体制〟という意味（天川晃氏の用法）で用いられている。

6　本シンポジウムの議論だけでは、十分な理解が難しいと思われることから、北山氏の論考（北山二〇一五、二〇一七、二〇一八、二〇二〇）をも参考にしつつ、そのエッセンスを紹介しておこう。

第一に、明治期において、行政的分権と並んで一八八〇年代に政治的分権が先んじて実現したことが、その後の（義務教育費を中心とした）自治体と国の財政的な結びつきの強化（財政的分権）を呼び込み、「総合型」を生み出した。これは、〝政治的分権、行政的分権、財政的分権が生起した順序によって、その後の制度展開が規定される〟という「分権化の順序理論」を参考とした議論である（北山二〇一七）。

第二に、戦時期の総力戦体制の下で「総合型」が、「分離型」を志向する各省庁の動きの中で存亡の危機に直面したが、内務省は、地方財政調整制度を整備することなどを通じて市町村や府県が総合行政の主体になることを下支えすることで、これを阻んだ。つまり、危機に瀕したものの、「総合型」は維持された（北山二〇一七）。

第三に、占領改革期においては、「知事公選化の決定」、「地方自治法の制定」、「内務省の解体」が、この順番で行われたことによって、「総合型」が維持された。「もし、総司令部が、内務省を早い段階で解体していたならば、知事の直接公選も実現していただろうし、当然ながら内務省の一般的な監督権はなくなっていただろうが、各省による地方出先機関はより多く実現していたであろう。…（中略）…府県による総合行政は難しくなっていたように思われる。このような順番で改革がなされたために、分離ではなく、融合的な方法が取られるようになったと考えられるのである。内務省は死して、府県の総合行政を残したのである」（北山二〇一八：七七‐七八）。

第四に、その後、分権化の「正のフィードバック」が続いていき、「総合型」はますます確固たるものとなっていった。

は異なる。つまり、念頭に置かれているのは自治体間連携の一類型なのであり、上記の見解は、「自治体間連携は、総合行政から抜け出る形態である」との趣旨だと理解しなければならないように思われる。

二―一―二　内海報告

これに対し、内海報告は、北山報告とは逆に、「行動原理としての総合性」を論じるものであり、事務配分原理・権限配分原理としてのそれを論じるものではない。

内海報告で焦点が当てられているのは、筆者が言うところの「機能に着目した総合性」のうちの『政策・施策・事業』の次元で求められる総合性」と、「空間に着目した総合性」のうちの「空間的広がりにおける政策的整合性としての総合性」である。

内海氏の議論においては、前者の実現は「機能的管轄」間の調整問題（＝自治体内の部門間調整問題）として論じられ、後者の実現は「空間的管轄」相互の調整問題（＝自治体間の水平的調整問題＋基礎的自治体・広域自治体・国間の垂直的調整問題）として論じられている。そして、これらの二つの調整問題が両方とも解決されない限り、「空間の整序、秩序化を図る政策コントロール」としての「制御」も完遂できず、「総合的都市計画」は実現しえないことが強調されている。

逆に言えば、「総合的都市計画」を実現するためには、「機能的管轄」間の調整問題と、「空間的管轄」相互の調整問題の解決の双方が必要である。そこで、最後に、（イ）前者への対応方策として、条例や要綱によって行政活動に総合性を持たせる方策が論じられ、（ロ）後者への対応方策として、フランスにおいて採用されている四つの方策が紹介されているのである。

なお、全国の基礎的自治体が、都市計画における「機能的管轄」間の調整問題と、「空間的管轄」相互の調整問題をめぐって、より具体的にどのような論点（課題）を問題視しているかが、アンケート調査を通じて明らかにされている点も、内海報告の秀逸な点の一つである。

二―一―三　入江報告

一方、入江報告は、事務配分原理・権限配分原理としての「総合性」と行動原理としての「総合性」の双方について論じているというのが、筆者の理解である。

まず、地方自治法における「総合性」が概観されている箇所では、行動原理としての「総合性」が語られている。

一方、事務配分原理・権限配分原理としての「総合性」をめぐっては、地方制度調査会における議論の変遷を通じて、第二七次～第二九次の答申までは、「自前でのフルセット主義」が求められ、「主体の拡大傾向」を主眼に「総合性」が用いられていたこと、しかし、第三〇次～第三二次の答申では、「広域連携」、「集約とネットワーク化」といったキーワードで「圏域」議論へとシフトしていったことが明らかにされている。その上で、「自治体間連携・補完によって、『総合的な行政主体』から離脱できるようになった」という評価に対し、「やや楽観的な理解ではないか」との疑問が呈されている。筆者なりに言い換えれば、〝事務配分原理・権限配分原理としての「総合性」が求められなくなったとしても、「圏域」が設定される形で自治体間連携が強く求められる場合には、（「自前でのフルセット主義」に基づき市町村合併に至った場合に生じる）「周辺市町村の衰退の助長」や「連携市町村の従属性」あるいは「自治の脆弱化」といった問題が生じるのではないか〟という問題提起であろう。

では、オルタナティブとしてどういう方向が求められるのか。入江氏の回答は、大きく分けて二つある。一つは、やみくもに事務・権限の拡大を押し付けるような他律的な「総合性」ではなく、住民ニーズから見て必要な事務・権限を柔軟に選択できるような、自律的な「住民本位の総合性」への転換を図ることである。もう一つは、自治体間連携につき、「はじめに枠組みありき」ではなく、「自治体間の対等・平等な関係性のもとでの市町村の自己選択を前提として、テーマごとに多方向、多元的に連携する」という方向を模索することである。

そこでは、事務配分原理・権限配分原理としての「総合性」は、その要請レベルを大きく低下させられ、その代わりに、「住民ニーズ」をベースにした、自主的かつ自律的な自己選択が重視されている。一方、行動原理としての「総合性」については、自治体間連携における「空間的広がりにおける政策的整合性としての総合性」の実現のあり方をめぐって、自治体間の対等性・平等性、自発性という条件が満たされるべきことが主張されていると解することができる。[7]

二―一―四　片山・阿部両氏による討論コメント

片山・阿部両氏による討論コメントは、多方面にわたっているが、〝特定の「総合性」の意味合いとその実現が国から事実上押し付けられていることに大きな問題がある〟という点にその中心的な主張があることは、共通している。なお、ここでの「総合性」には、「事務配分原理・権限配分原理としての総合性」だけでなく、「空間的広がりにおける政策的整合性としての総合性」も含まれているものと思われる。

たとえば、片山氏は、「補助金、交付金で自治体の連携等を誘導しようとする制度設計からの脱却が必要で、各自治体における検討の積み上げによる多様な総合性の仕組みがあって良いと考えています。…（中略）…自治体現場からの枠組みを寛容に許容するような分権推進にふさわしい社会制度が必要ではないか」と投げかけ、「行政の総合化というのは行政が所掌事務を拡大し、総合的に事務事業の全てを行うことではなく、当該自治体の方向性を、住民や代表機関とともにまとめ上げ、その方針たる基本構想に基づいて、その実行は公開の中でさまざまなそれぞれの事業主体が行う」べきものであると主張している。

阿部氏も「最終的に行き着く先は、基本的には、先ほどの片山町長のコメントの中心的な部分と同じことになるかもしれません」として、そのポイントが、「『総合性』というのは本来的に多義的な概念である。その多義的な概念の特定の意味を、国が自治体に押し付けようとしている現実がある。しかし、『総合性』の意味はむしろ、それぞれの自治体がローカルに、それぞれの地域の特性に合わせて決めていけばいいし、それをどのように実現していくのかもまた、ローカルに決めていけばいいのだという、『総合性』という概念を解釈していく地域の自律性を擁護すること」にあるという認識を

7　なお、これらの主張がなされた後、「連携と集積は必ずセットであるべきか」という問題提起がなされ、「集積を伴わずに地域自治や住民自治をおろそかにしない連携ということもあり得るのではないか」という入江氏の見解が示されている。この入江氏の見解は、〝自治体間連携あるいは圏域が「人口ダムをつくる」といった全く異質な目的でより求められてしまっている点に、そもそもの問題がある〟という点を暗黙裡に指摘するものである、と筆者は受け止めている。

示している。この認識は、先の入江氏の見解と同一のものと言って良いだろう。

問題は、そのような地域の自律性をどう確保していくかである。阿部氏は、「総合性」の要請を弱めるための解釈・思考枠組みを提示することを通じて、その確保への道筋を示している。

具体的には、まず、「総合性」を、「従うか従わないかの、オール・オア・ナッシング的な対応しか取り得ない規範」である「ルール」としてではなく、「従う程度ということを考え得るような規範」である「原理」として捉えるべきことが肝要だとされる。

その上で、「一番上位に『国民主権』、『基本的人権の尊重』、『平和主義』という憲法の三大原則があって、その次に、…（中略）…「地方自治の本旨」が、これも憲法上の原理としてあり、さらにそれにぶら下がる形で、地方自治法に規定された様々な原理がある」とされ、「総合性」は、あくまで「『地方自治の本旨』にぶら下がっている地方自治法上の諸原理・諸原則のうちの一つに過ぎない」という理解が示される。

そして、「ある特定の原理の充足・実現に努めることが、それとは別の原理の充足・実現を困難にしてしまうような、異なる原理が相互に競合し合うような状況」においては、「競合する諸原理のうちのどれを、どの程度優先的に考慮すべきかという比較衡量が必要」になること、それゆえ、「総合性」は、「個別具体的な状況における原理相互間の調整作業を通して、状況特定的に、それが何を要請しているのかや、その要請が尊重される程度が確定されるべきである」ことが主張されているのである。

二―一―五　小括

以上、各報告および討論コメントのポイントを、先に示した筆者による「総合性」の理論的整理を踏まえる形で論じた。

事務配分原理・権限配分原理としての「総合性」については、（これを論じた登壇者の間で）それが市町村の自己完結主義（自前でのフルセット主義）を帰結するような強度で求めることが大いに問題であるという点について、共通した認識があったと思われる。一方、行動原理としての「総合性」のうち「空間的広がりにおける政策的整合性としての総合性」の実現が「圏域」という枠組みの下で押し付けられてしまうことに大きな問題があることについても、同様に共通した認識があったように思われる。

他方で、事務配分原理・権限配分原理としての「総合性」および行動原理としての「総合性」を全面否定する見解もまたなかった。というより、「行動原理としての総合性」のうち、「政策・施策レベルにおける機能に着目した総合性」と「空間的広がりにおける政策的整合性としての総合性」の双方をいかに実現していくかを探求する内海報告に明らかなように、行動原理としての「総合性」を実現することと自体は大事であり、その実現のために事務配分原理・権限配分原理としての「総合性」をある程度を追求することは必要だと思われる。

重要なのは、入江氏らが言うように、人的資源や財政的資源が十分でない中で、自治体自らが、「住民本位」の視点に基づき、必要な限りで「総合性」の実現を選択的に追求できることである。

阿部氏は、「総合性」の要請を弱めるための解釈・思考枠組みを提示することで、その方途を示した。

これ自体は、非常に示唆に富んでいるし、有益なものである。しかし、問題は、これで十分かどうかである。筆者は、ほかにも、プラスアルファで必要なことがあると考えている。紙幅の関係で二つに限定する形で、最後に、それを論じることにしたい。

二―二　行動原理としての「総合性」の実現方策の探求～プラスアルファ①

プラスアルファで求められることの第一は、〝事務配分原理・権限配分原理としての「総合性」を実現することが、行動原理としての「総合性」の実現にそのまままつながるわけではない〟という当たり前のことを再確認した上で、行動原理としての「総合性」の実現のための方策を模索することである。というのも、北山報告で示されているように、総合行政主体論が唱えられる以前から、日本の自治体は事務配分原理・権限配分原理としての「総合性」を前提に組み立てられてきたのであって、にもかかわらず、「機能に着目した総合性」の実現は不十分であったからである。

こうした中で、事務配分原理・権限配分原理としての「総合性」の実現をさらに追求することは、いわば「宝の持ち腐れ」状態しかもたらさない。まずは、現体制において、行動原理としての「総合性」をどう実現していくのかを探求すべきである。その意味で、筆者の言うところの「機能に着目した総合性」と「空間的広がりにおける政策的整合性としての総合性」について、その実現方策を探求している内海氏の立論は大きな意義を有している。

こうした探求は、「プロセスに着目した総合性」、「機能に着目した総合性」、「空間に着目した総合性」のすべてに関してなされるべきである。しかし、事務配分原理・権限配分原理としての「総合性」との関連で言えば、それが第一義的にその実現を意図している「機能に着目した総合性」の実現方策を探求することがとりわけ重要であろう。

筆者が「政策・施策・事業」の次元と「個別具体的な問題対応」の次元とを識別したのは、この探求の場面を意識しているためにほかならない。というのは、それぞれの次元で求められる実現方策は、（一部重なるものの、基本的に）異なるからである。

二―二―一「政策・施策・事業」の次元で「機能に着目した総合性」を実現するための方策

従前、「政策・施策・事業」の次元で「機能に着目した総合性」を実現するための中心的な方策として考えられてきたのは、総合計画の仕組みである。もっとも、総合計画が実際にそうした期待に応えるものになってきたのかと言えば、ほとんどの自治体において答えは「否」ということになろう。従前、ほとんどの総合計画は、「既存や新規の事業が先にありき」で、それをホッチキス止めのようにして施策や政策といった一定の枠で束ねるだけの代物にとどまってきたからである。

それゆえ、「機能に着目した総合性」を実現するためには、総合計画のあり方を抜本的に見直すか、他の道を探求するか、いずれかの方向が求められることになる。

前者の方向について言えば、二〇〇〇年代に入って、全国の自治体の中から総合計画を進化させる自治体が現れたことが注目される。新たな総合計画のあり方は、以下のようなものである（玉村ほか二〇一四、玉村二〇二二）。

第一に、従前の総合計画の場合、基本計画では極めてアバウトな政策が掲げられ、実施計画ではそれとどう結びついているか定かでない思いつき的な個別事業が並んでいたが、そのようなことのないように、基本計画と実施計画をセットできちんと連動する形でつくる。「何のために」ということを、基本構想から始まって上から下に「ミッションベース」で考え、それぞれの問題（点）を解決すべく、原因分析をしっかり行って、事業を見直す。第二に、事業の加除訂正には、基本計画の変更を要し、変更に際しては、審議会での審議もしくは議会の議決等を要するといった具合に、明確なルール化を図る。見直しは柔軟にするが、変更ルールを明確にすることによって、恣意的な判断や圧力で計画がブレないようにする。第三に、基本計画に事業を明記し、そこに挙げられた事業以外は（経常的な経費と緊急避難的なものを除き）予算化しない。実施計画に各年度の実施内容を明記し、かつ、各年度の事業費と財源内訳を明記することで、財政計画との連動を図る。このような連動が図られることで、総合計画は策定後も参照され続け、総合計画が普段の仕事をする中でも意識化されることになる。予算編成後に実施計画を事後的に変更することは一切認めない。第四に、実施計画はもとより、基本計画においても、何でもかんでも載せることをやめる。きちんと政策間の優先順位をつける。第五に、そのような判断が的確にできるよう、課題（従前の総合計画をはじめとする各種計画で挙げられたものや、住民アンケートやワークショップ、議会での一般質問、首長ヒアリングなどを通じて明らかになったもの）を部課別に整理し、それに関するデータ等を収集し、問題の原因を分析して、（庁内だけでなく、審議会、ワークショップでの）検討の際の基礎資料とする。第六に、各事業については、「実行行動シート」を作成し、目標（進行）管理・評価を行う。これによって事務事業評価が総合計画に統合されることになる。「実行行動シート」は、人事評価の実績評価とも連動させていく。すなわち、総合計画を軸に、個々の仕組みを連動・同期化させ、機能させるような「トータル・システム」を構築するのである。

こうしたあり方を具現化している典型例としては、岐阜県多治見市の総合計画などを挙げることができる。ちなみに、北海道栗山町では、こうした総合計画のあり方を規定し、その実効性を担保するため、二〇一三年に「総合計画の策定と運用に関する条例」を制定している。同様の条例は他の自治体でも制定されているが、「町が進める政策等は、総合計画に基づき予算化することを原則」とすることなど、骨抜きにされやすい部分につき、そうならないよう明記している点が大きな特徴となっている。

しかし、こうした新たな総合計画のあり方を実践することは容易なことではない。現状の総合計画のあり方との「距離」があまりにも遠く、その実践には膨大な手間がかかるためである。実際、筆者はある自治体において、新たな総合計画のあり方のいくつかの要素だけでも実践できないかと考え、審議会でそうした方向を提案したことがある。だが、必ずしもうまくいかなかった。

また、そもそも一定規模以上の自治体においては、総合計画で全体の制御を図ろうとすること自体が無謀なのかもしれない。

そこで、もう一つの道としては、「政策分野別基本計画」（打越二〇〇四）のように、ある程度の政策分野の括りで基本計画を策定することで、処理すべき複雑性を縮減する形で、一定の政策分野の幅の範囲で「機能に着目した総合性」の実現を目指すことが考えられる。

しかし、「マイルスの法則（Miles' Law）」が示すように、人は、属する組織の視点や利益に基づいて、物事をとらえ、行動する（Miles 1978）。計画を策定さえすれば、「機能に着目した総合性」を実現できるというわけではない。むしろ、計画策定のプロセスを通じて、関係部局間の対話・コミュニケーションをどれだけ実質化できるかという点が重要であろう。

ただし、それによって仮に関係部局間での問題意識・目的意識等が共有できたとしても、時間的経過の中で、人事異動などにより、それがいつの間にか形骸化してしまうことも珍しくない。それゆえ、内海氏が指摘するように、条例等を別途制定して政策的方向づけを明確にするとともに関係部局のコミュニケーション機会を公式化するなどの方策をとったり、政策分野をまたがる案件についての審議会を設置し、関係部局で事務局業務を輪番制で回す（手塚二〇二二）あるいは関係部局の責任者がその場に同席することで問題意識と方向性を共有するという方策をとったり、「〇×推進本部」といった体制を構築し、首長のリーダーシップのもとで一定の方向性を固めるという方策をとったりするなど、「もう一工夫」が必要となろう。

二―二―二　「個別具体的な問題対応」の次元で「機能に着目した総合性」を実現するための方策

「個別具体的な問題対応」の次元で「機能に着目した総合性」を実現するための方策は、主として、「多機関連携」が求められている各種政策課題、とりわけ、児童虐待防止などをめぐって開発されてきている。その基本は、個々人のニーズを起点にして、それを充足するために必要な関係機関の連携を、主として「場」「人」「制度」を通じて実質化するというものである（伊藤二〇一九）。

たとえば、①関係組織間・部局間の定期的な会議の開催などが「場」を通じた方策の例であり、②人事交流、人事ローテーションの工夫、出向をはじめ、日常からの意識的なコミュニケーション（気軽な声掛け）や「一緒に汗をかくこと」を心がけたりすることで、関係機関同士の人的関係性を深めることなどが「人」を通じた方策の例であり、③連携に関する組織方針を定めたり、関係機関間で協定を結んだりすることなどが「制度」を通じた方策の例である。

「制度」だけでなく、（A）「物理的近接性」を高める、（B）「組織的近接性」を高める、（C）組織のトップ同士の関係性を構築しておくといった方策をとることで、「場」が機能化しやすくなったり、「人」の関係性が深まりやすくなったりする。また、〝一緒に汗をかく〟際に、「束になって」それをすることで、人事異動等でいくつかの「糸」が切れても、いくつかの「糸」が残るようにし、そこからまた「糸」が織りなす「関係性」という名の「線」を太くしていく〟といった工夫も生み出されており、注目に値する（嶋田二〇一九）。

こうした方策を学び、自治体行政全般で幅広く展開していくことが、「個別具体的な問題対応」の次元での「機能に着目した総合性」を実現することにつながっていく。

なお、すでに触れた通り、「多機関連携」は、多くの場合、単一市町村の関係部局間の連携にとどまらない。都道府県との連携はもとより、民間主体との連携を伴うことも多い。事務配分原理・権限配分原理としての「総合性」は、行動原理としての「総合性」の実現を〝保障しない〟というだけでなく、そもそも、政府だけでは問題解決が困難な状況が増えてきている中で、〝実現できない〟場合も少なくないのである。

二―三　都道府県の復権（「自治の総量」論＋機能分担論の再評価）～プラスアルファ②

プラスアルファで求められることの第二は、事務配分原理・権限配分原理としての「総合性」が市町村の自己完結主義（自前でのフルセット主義）を帰結するような強度で求められてしまうことを回避するために、市町村ばかりを重視する姿勢を改めるとともに、地方自治にとっての都道府県の存在意義を見直すことである。

振り返ると、〝住民に身近な市町村こそができる限り広範な事務・権限を担うべきである〟という考え方が強まるとともに、都道府県の存在意義は不明確になっていった。都道府県は、個別市町村が無限の広域化を防止し、基礎的自治体の「基礎的」性質を保持し、また、町村の存立を保障する機能を本来的に内在してきたように思われるが（金井二〇〇七：一一一）、その存在意義の不明確化とともに、そうした機能も十分に発揮されない状況に陥っていった。その結果、市町村自己完結主義（自前でのフルセット主義）の発想で市町村合併が進んでいった。そして、都道府県の存在意義は、ますます不明確になった。

こうした流れを踏まえるならば、事務配分原理・権限配分原理としての「総合性」の要請が過度に高まることを回避するためには、都道府県の存在意義を見直すことが肝要ということになろう。

そのためには、まず、「自治の総量」論（磯部一九九三）の発想への転換が求められる。すなわち、「市町村＋都道府県」（あるいは、「市町村×都道府県」）で「自治の総量」を増大させるという視点を基本に据えるべきである。「都道府県と市町村は車の両輪」と見なした上で、双方の相乗効果を通じて「自治の総量」を増やすことを目指す、という発想に立つべきなのである。

この発想の延長線で、広域事務・連絡調整事務・補完事務という都道府県に期待されてきた三つの役割のうち、補完事務を充実させていくことが肝要だと思われる（嶋田二〇二二）。

この点に関連して、故・辻山幸宣氏が「大いなる変節と映るかもしれない」と自ら認めつつ、「都道府県は基礎自治体と同じような仕事をしてはならない」という立場から「都道府県はこれから基礎自治体としての仕事を増やしていくべきだ」という立場に転じたことが注目される。辻山氏は、三つの役割のうち補完事務の処理こそが「都道府県の本来の役割」だとした上で、さらに補完にとどまらず、都道府県が〝自らの事務として〟住民の福祉の向上等を直接担うべきだと主張している（辻山二〇〇一）。こうした主張に対しては、疑問を持つ者が少なくないだろう。というのも、「都道府県は、広域の自治体として広域にわたる事務に重点を置いて責任を果たしていくこととし、基礎的自治体に関しては連絡調整事務を主に行い、いわゆる補完行政的な事務については必要最小限のものとしていくことが理想である」（「西尾私案」、二〇〇二年）といった従前からの有力見解――「平成の大合併」を経てもはや不動の地位を得ているようにすら見える見解――と真っ向から対立する議論だからである。

辻山氏は血迷ってしまったのであろうか。そうではない。辻山氏は、広域事務・連絡調整事務・補完事務それぞれについて〝都道府県でなければできないのか〟という点を吟味しつつ、〝都道府県のありうる強みは何か〟を探求することを通じて、「都道府県不要論」を乗り越える方途として上記見解を導き出しているのである。

都道府県が行うべき「基礎自治体としての仕事」として辻山氏が念頭に置いているのは、「小さな集落の自治を守る」ための仕事である。その背景には、地域経済が疲弊し、人口が流出し、高齢化が進む一方、財政的にも極めて厳しい状況に置かれている市町村の実情があり、もはや市町村だけでは「消滅の危機に瀕している小さな集落を守る」ことが難しくなっている、という状況認識がある。各市町村の役場に県職員を駐在させ、市町村と連携しながら地域の振興や活性化に向けた取り組みを支援している高知県の「地域支援企画員制度」（二〇〇三年度〜）は、まさに辻山氏の構想と符合するものだと言えよう。こうした取り組みこそが、現場感覚から乖離し、机上の論理に向かいがちな都道府県の「自治体性」を回復させるのではないか。

こうした議論をどう評価するかは、「事務領域＋分離」で考えるのか、「機能＋分担」で考えるのかによるであろう。たとえば、「地域活性化」という「事務領域」を前提とした上で、これを市町村と都道府県のどちらが担うべきかを考えるのが前者の思考である。これに対し、後者の思考においてはそのように考えず、市町村と都道府県が「地域活性化」のためにそれぞれの特徴や強みを生かす形で各機能を分担し協力すべきだと考える。対住民関係での嫌な役回りをあえて（住民からの距離が相対的に遠い）都道府県職員が担うことで、市町村職員が話を進めやすくするといった具合である。上記の高知県の取り組みは、「事務領域＋分離」の思考から見れば「二重行政」ということになるかもしれないが、「機能＋分担」で考えれば、「市町村＋都道府県」（あるいは「市町村×都道府県」）によって「自治力の総量」を増大させるものである、と評価することができる。

今、必要なのは、第一次分権改革の際に省庁側から「改革の骨抜きのための論理」として主張された「共同事務」論と同一視される形で批判され、忘れ去られてしまった「機能分担論」を都道府県と市町村の関係の文脈で再評価することなのではないだろうか。

もっとも、現状の都道府県の実情を踏まえるならば、上記の構想に対して、真っ向から反対する意見も少なくないだろう。たとえば、市町村職員の中には、「都道府県職員が現場に出向いて本気で関わってくれるとは思えない。むしろ、現場の実情も踏まえず、どうでもよいことで余計な口を挟んできたりして、邪魔になるだけではないか」という意見もあるかもしれない。あるいは、地域の現場に積極的に関わろうとする姿勢自体を持ち合わせていない都道府県職員も少なくないかもしれない。実際、「補完性の原理」を〝誤用〟して「地域づくりは市町村の仕事だから、自己責任で」として「我関せず」

の姿勢に終始する県があるという。また、市町村の担当者を集めた都道府県主催の説明会において、国が作った資料を用いて「伝言ゲーム」のように説明をすることに終始する職員も珍しくないという。確かに、こんな都道府県であれば要らない。意味ある存在であるために都道府県およびその職員はどうあるべきか、関係者に真剣な再考を求めたい。

では、現場の実情を十分に踏まえない都道府県職員が介入することで市町村による現場起点の自主的運営が阻害されてしまう可能性がある中で、そうした事態が生じることを回避しながら、補完事務の充実を図っていくにはどうすればよいのだろうか。

この難題への一つの回答が、高知県の小さな集落活性化事業である。この事業では、県職員が現場に出向き、地域の実情をつぶさに見ながら、寄り添う形で市町村を支援している。注目すべきは、「専門家会議」を設け、県と市町村とのやりとりを当該会議の場でオープンにするとともに、研究者集団から適宜アドバイスを得る形で、県の市町村への適切な関わり方を担保しているという点である。工夫次第で、市町村による現場起点の自主的運営を損なわない形で都道府県による補完事務の遂行を行うことは可能なのである。

おわりに

以上、「総合性」概念をめぐって筆者なりの整理を行った上で、各報告および討論コメントの位置づけを行い、さらに、本シンポジウムの議論をどのように受け止め、どう考えるべきかについて、筆者なりの私見を提示してきた。もはや紙幅は尽きている。ここまで議論してきたように、本シンポジウムは、多くの示唆と刺激を与えてくれる内容となっている。本稿が、その内容理解とさらなる議論の発展に少しでも貢献できれば幸甚である。

【参考文献】


礒崎初仁（二〇二三）『地方分権と条例─開発規制からコロナ対策まで』第一法規。

礒部力（一九九三）「『分権の中味』と『自治の総量』」『ジュリスト』一〇三一号。

市川喜崇（二〇一一）「市町村総合行政主体論と『平成の大合併』─市町村自己完結主義の批判と『総合性』の擁護」寄本勝美＝小原隆治編著『新しい公共と自治の現場』コモンズ。

伊藤正次編著（二〇一九）『多機関連携の行政学─事例研究によるアプローチ』有斐閣。

入江容子（二〇一六）「自治体における『総合性』の要請をめぐる中央地方関係」真山達志編著『政策実施の理論と実像』ミネルヴァ書房。

今井照（二〇〇三）「『総合行政』への展望と自治体組織」ガバナンス二〇〇三年二月号。

打越綾子（二〇〇四）『自治体における企画と調整─事業部局と政策分野別基本計画』日本評論社。

内海麻利（二〇〇六）「都市計画行政の総合性」打越綾子＝内海麻利編著『川崎市政の研究』敬文堂。

内海麻利（二〇一二）「日本の都市計画法制の『総合性』に関する課題とフランスの『一貫性』」『駒澤大學法學部研究紀要』七〇号。

大橋洋一（一九九三）「計画間調整の法理」『現代行政の行為形式論』弘文堂。

金井利之（二〇〇七）『自治制度』東京大学出版会。

金井利之（二〇二二）「総合行政主体論の考え方」『人口減少時代の都市自治体─都道府県関係』日本都市センター。

金井利之（二〇二四）「21世紀第2四半世紀における自治体の総合性の展望」『ガバナンス』二〇二四年一月号。

神原勝＝大矢野修編（二〇一五）『総合計画の理論と実務―行財政縮小時代の自治体戦略』公人の友社。

北山俊哉（二〇一五）「能力ある地方政府による総合行政体制」『法と政治』六六巻一号。

北山俊哉（二〇一七）「日本における総合行政の起源」『法と政治』六八巻一号。

北山俊哉（二〇一八）「日本における総合行政の起源―占領改革期の中央地方関係」『法と政治』六九巻一号。

北山俊哉（二〇二〇）「日本の政治発展（ＪＰＤ）からみた地方自治制度―明治維新から総力戦体制へ」『季刊行政管理研究』一七〇号。

嶋田暁文（二〇一四）『みんなが幸せになるための公務員の働き方』学芸出版社。

嶋田暁文（二〇一九）「公共図書館―『地域活性化の拠点』としての図書館と多機関連携」伊藤正次編『多機関連携の行政学―事例研究によるアプローチ』有斐閣。

嶋田暁文（二〇二〇）「条例による総合性確保」原島良成編著『自治立法の再発見』第一法規。

嶋田暁文（二〇二二）「都道府県は何をすべきか？」『自治日報』二〇二二年一一月一四日号。

嶋田暁文（二〇二四）『ポストモダンの行政学―複雑性・多様性とガバナンス』有斐閣。

玉村雅敏（二〇二一）『自治体経営の生産性改革―総合計画によるトータルシステム構築と価値共創の仕組みづくり』公人の友社。

玉村雅敏監修・著、日本生産性本部編（二〇一四）『総合計画の新潮流―自治体経営を支えるトータル・システムの構築』公人の友社。

辻山幸宣（二〇〇一）「問われる都道府県の役割～都道府県とは何か～」『自治体学』八三号。

手塚洋輔（二〇二二）「審議会の合同設置による政策調整」『公共政策研究』二二号。

松本英昭（二〇一七）『新版　逐条地方自治法〔第9次改訂版〕』学陽書房。

村松岐夫（一九九四）『日本の行政』中公新書。

村山武彦（二〇一八）「大規模集客施設等の立地や都市計画の決定／変更に関する広域調整に見る合意形成の課題」金井利之編著『縮減社会の合意形成―人口減少時代の空間制御と自治』第一法規。

山﨑重孝（二〇〇三ａ）「地方分権一括法と基礎的自治体のあり方についての一考察」『地方自治』六六三号。

山﨑重孝（二〇〇三ｂ）「基礎的地方公共団体のあり方」『自治研究』七九巻一〇号。

山﨑重孝（二〇〇四～二〇〇五）「新しい『基礎自治体』像について（上）（下）」『自治研究』八〇巻一二号、八一巻一号。
Miles Jr., Rufus E.（1978）"The Origin and Meaning Of Miles' Law," Public Administration Review, 38（5）.

解題2

縮減社会における自治体の総合性とは

金井　利之（東京大学法学部教授）

はじめに

この解題は、シンポジウムの結果を踏まえて、総合性に関して、さらなる考察をしようとするものである（以下、敬称略）。総合性は、「地方公共団体は、住民の福祉の増進を図ることを基本として、地域における行政を自主的かつ総合的に実施する役割を広く担うものとする」（改正第一条の二①）などとして、地方自治法などの法制にも採用されているものの、総合性とは多義的な概念であることが、今回のシンポジウムでも明らかになった[1]。阿部討論や嶋田解題により、シンポジウムで議論され

1　法令検索から見た現行法制での「総合」の用法については、①組織・団体、②手段組み合わせ、③区域・地域の三タイプがある（金井二〇二四a、二五頁）。

ていた様々な意味内容については、手際よく整理されている[2]。

そのうえで、多義的でありうる総合性の概念を踏まえて、仮に今後も、総合性の概念を放棄しないのであれば、経済が停滞して人口が減少する縮減社会[3]の二一世紀第二四半期以降の日本の自治において、どのように捉えるべきかについて、考察をしてみよう。

一　社会環境の変化と総合性

(1) 成長社会と総合性

分権改革から三〇年を経て、日本の自治体を取り巻く社会環境は大きく変わった。もっとも、何事も不易流行であり、その変化をどのように捉えるのか、あるいは、持続しているものは何かを、どのように位置づけるかは難しい問題である(水口・北原・秋月二〇〇〇)。

分権改革の初発の段階では、戦後日本が実現したとされる「豊かな社会」を前提に、集権型国家の画一的な行政運営のために「豊かさを実感できない社会」という問題状況から、「豊かさを実感できる社会」を目指すものとして[4]、分権改革が課題として設定された(市川二〇〇八、二〇一九)。総合性の概念が、「総て」を「合わせる」という膨張主義的な発想を内包しているならば、右肩上がりの成長社会に馴染むものと言えよう。

例えば、一九六九年の基本構想策定の義務づけを受けて、一九七〇年代から一般化した総合計画は、戦後復興や地域開発を目指した開発計画の延長として、自治体ごとの右肩上がりの財政・人口フレームを暗黙のうちに想定していたことは、よく知られている（神原・大矢野二〇一五、金井二〇二〇a、八頁）。分権改革は、こうした成長社会の残照が払拭されない黄昏《たそがれ》段階の到達点だったかもしれない。一九九九年の分権一括法による地方自治法改正に「総合」が盛り込まれるのは、いわば、回顧的あいは追認的な概念ともいえる（金井二〇〇七）。

総合性が成長社会を前提にしているのであれば、縮減社会に転換した二一世紀には放棄されるが自然かもしれない。北山報告は、長期的な歴史的発展のなかで、自治体の総合行政が再生産されてきた過程を追跡したものであるが、その背景である経済成長・人口増加という近現代日本の長期的トレンド自体が反転したのかもしれないからである[5]。入江報告は、累次の地方制度調査会答申を跡づけるこ

2　筆者は、総合性を、❶国から自治体への事務移管、❷政策過程で見た総合性、❸自治体の政策方針と総合性、❹自体間の水平的総合性、❺自治体間の垂直性総合性、❻自治体と民間の総合性、に分類しておいた（金井二〇二四a、二五－二七頁）。

3　金井利之（編）『縮減社会の合意形成』第一法規、二〇一九年。

4　分権推進の両院決議議（衆議院は、一九九三年六月三日、参議院は六月四日）には「国民が待望するゆとりと豊かさを実感できる社会」という表現がある。地方分権推進法第一条は、「国民がゆとりと豊かさを実感できる社会を実現……地方分権を総合的かつ計画的に推進する」とある。なお、同法での総合性は、自治体ではなく、地方分権推進にかかっている。

5　もっとも、歴史的制度論に立てば、環境がどのように反転しようと、自治体に総合性を期待する再生産過程（正のフィードバック過程）は消えないのだから、総合性は縮減社会でも持続すると推論もできる。この

とにより、国もある段階から「総合行政主体」を放棄し、「集約とネットワーク化」に転換していることを明らかにした。こうしてみると、総合性として概念化された原理・規範や実態は、もはや過去のものであるとして、自治の領域から放逐する、あるいは、近代歴史遺産として陳列・凍結保存しておくのも、一つの方策である。

もちろん、薄暮の二一世紀第一四半世紀においては、依然として成長社会への郷愁を捨てきれなかったとも言える。例えば、小泉政権は「改革なくして成長なし」を標語として掲げ、あるいは、第二次安倍政権は、経済成長としてのアベノミクスや、人口維持政策としての地方創生・一億総活躍などを掲げていたからである。成長社会を目指すという政策は、実態として、成長社会ではなくなった社会環境と矛盾するわけではない。成長社会ではなくなったからこそ、成長社会を政策として目指すことはありうる。その意味で、成長社会と密接不可分な総合性であっても、自治体の原理・実態として否定されるとは限らない。

自治体は社会環境に適応せざるを得ないならば、成長社会になったときには凍結保存された総合性を解凍するとしても、事実としての縮減社会に対応するためには、総合性を放棄することもあり得よう。例えば、「選択と集中」のように、「総て」は対処できないとして、一部のみを選別して、他は放置して「合わせる」ことはしない方針は、もはや総合性（あるいは総花性）とは呼べないとも言える。[6]

（2）縮減社会と総合性

経済停滞と人口減少の縮減社会においては、全国的にも地域的にも、経済・人的資源が減少する以上、それを無駄に使うことはできないので、全体的な効率性を目指すという発想は有り得る。つまり、成長社会や「豊かな社会」であれば、部分的な資源の活用のみで事足りていたとしても、発展途上社会や衰退途上社会（縮減社会）という「貧しい社会」でこそ、「総て」の資源を「合わせ」て活用する総合性が必要になるという発想である（金井二〇二四b）。いわゆる「総」動員、または、「最大動員システム」である（森二〇二〇、村松一九九四）。第二次安倍政権の「一億総活躍」は、「火の玉」たる1億人を割るという人的資源の貧しさ（「ジリ貧」）を前提に、人的資源を「総て」活躍させるという発想であり、まさに、貧しさを前提とする（金井二〇一六）。

　こうしてみると、総合性は、もともと、「貧しい社会」を前提にした原理・実態ともいえよう。戦後日本の自治体が、あるいは、明治以降の日本の自治体が、総合行政を担わされてきたのは、端的に言えば、国（全国政府）が独自の地方出先機関を張り巡らせるほど、日本経済・財政・社会が豊かではなかったから、と解せよう。自治体が総合行政でないことは、国が出先機関によって行政を直接に担うこと（分離体制）であるから、行政資源を国と自治体とで重複的に浪費する二重行政である。自治体のなかの縦割が批判されたのは、限られた資源を自治体のなかで多重に浪費しているからである。総合計画が一九七〇年代以降に進められたのは、高度成長が終焉して低成長に移行したから、あるい

立場が（2）となる。北山報告では、縮減社会への環境変化は重視されていないから、この立場であろう。本解題も同様である。

6　もっとも、「総て」の対象をネットワークでつなぎ、そこから動員した「総て」の資源を、選択された一部において集中・集約させて「合わせる」という集中を行うことを、総合性の意味内容として読み替えることは可能である。

は、地方圏の多くの自治体が過疎・人口減少・経済衰退に転じていったからである（原田・金井二〇一〇）。

以上のように総合性を位置づければ、「豊かな社会」を前提とする分権改革のなかで、総合性が生き延びた方が不思議かもしれない。しかし、バブル経済に沸いた一九九〇年頃の第三次行革審（一九九〇年～九三年）において地方分権が課題として形成され始めたとはいえ、実際の第一次分権改革（一九九五年～二〇〇〇年）は、まさに、「失われた一〇年」やバブル崩壊（一九九二年頃）・平成不況（一九九一年～二〇〇二年頃）・金融危機（一九九七年頃）のなかで検討されたものである。社会環境としての「貧しい社会」に結合した総合性は、二〇〇〇年改革にも結実し、さらに、二一世紀の第一の四半世紀、あるいは、今後の日本社会を貫く原理・実態となり得るのであろう。

二　二層の原理としての自律的総合性

(1) 二層の原理

総合性を、阿部討論の指摘するように、ルールではなく、規範的に目指すべき原理であるとしても、それが多義的であるならば、中身は確定しがたい。原理を決定するそれぞれの主体ごとに、総合性の意味内容は充填されることになる。従って、このような多義的な中身でありうる総合性について、一元的に統一すべきか、多元的なままに共生・持続させるべきか、というメタレベルの原理が問われることになる。

（2）他律的総合性

一元的に総合性の概念が統一されるとすれば、誰がどのように統一するか、という主体や手続の問題が生じる。本シンポジウムや査読付ジャーナルのような学術的議論などを通じて、講学的・学問的に概念が統一される、という回路がありうるかもしれない。しかし、総合性のような実践で活用される法律・政治的用語は、それ自体が政治行政過程のなかで使われるため、講学的に確定されることは少ない。現実的に存在するならば、政治行政または司法の権力作用のなかで、権力的に確定されることであろう。

その一つの方法が、法律所管官庁である自治制度官庁が一義的に確定することである（金井二〇〇七）。この種の総合性の原理は、国（のみ）が有権解釈権を持つ、というメタレベルの原理を内包する。[7] この総合性は、自治制度官庁以外の当事者、例えば、自治体にとっては、他律的総合性として押し付けられるものである。そして、総合性の原理に反する自主性の原理は許容されない。つまり、自治体は自主的に事務を返上する脱総合化は許されない。恐らく、地方自治法に「総合」を規定すること自体、有権解釈権を自治制度官庁が独占する他律的総合性を想定したものであろう。

7　国の為政者が総合性を決定することではあるとしても、決定の前後において、国の為政者以外であっても、あたかも為政者になったかのごとくに、為政者目線で提案・批判することは可能である。

しかし、総合性の中身は、潜在的には多義的でありうるから、仮に判断主体を一元化しても、判断主体である自治制度官庁が、そのときどきに内容を充填するし、あるいは、情勢に応じて意味転換することが可能である。つまり、総合性の原理によって、自治制度官庁の行動や判断を、外在的に枠付けることはできない。自治体に対する原理ではあっても、国に対する原理にはならない。入江報告が明らかにしたように、他律的総合性なるものの内実は、基礎自治体を「総合行政主体」とする意味での総合性から、「集約とネットワーク化」のように基礎的自治体の連携によって形成される総合性、さらにいえば、中心都市を財政的にも重視する「集約」としての総合性に、意味転換がされている。総合性を求められる他者・対象（客体）が、個体としての総ての基礎的自治体ではなく、集団・個体群としての基礎的自治体たちに、あるいは、一部の選ばれし個体としての中心都市自治体のみに、転換しているのである。

内容を充填する当事者である自治制度官庁の方針が変化するときには、他律的総合性の場合には、相手方の自治体はその方針転換に翻弄させられることになる。その意味転換を、自治体としては、好意的に受け止める立場から、批判的に受け止める立場もあろう。前者の場合には問題はないかもしれないが、入江報告のような後者の場合には、他律的総合性は、実質的には対立的総合性であり、大きな問題を孕むことになる。

（3）自律的総合性

総合性の概念は多義的であるから、当事者ごとに意味内容は異なりうるべき、というメタレベルの原理を内包するという見方もありうる。分権改革後の分権型社会の総合性とは、主体の複数性・多数性を前提に、このようなメタレベルの原理の転換を内包していたと観ることができる。

阿部討論が掲げたように、自治体が自ら主体となって、総合性の概念を充塡する自律的総合性である（金井二〇二一b）。片山討論が示したのは、ニセコ町という自治体が充塡した自律的総合性の内実である。すなわち、総合性とは、行政が所掌事務を拡大し、総合的に事務事業の総てを行うことではなく、当該自治体の方向性を、住民や代表機関とともにまとめあげ、その方針たる基本構想に基づいて、実行は様々な事業主体が行うこと、とされる。入江報告でいえば、自律的総合性は、主体拡大を他律的に強要されることではなく、手段多様化にならざるを得ないということである。

自律的総合性を採用する場合には、多数の総合性の原理が、同時に併存・衝突することになる。総合性の原理は、阿部討論の言うように、自主性・住民福祉増進・最小経費最大効果などのそのほかの原理・原則と併存するだけではない。総合性の原理同士で、つまり、自律的総合性として掲げる主体同士で、衝突が継続的に起きることになる。

この点は、総合性の原理そのものを自己否定しかねない、なかなかに厄介なことである。総合性とは、「総て」を「合わせる」もので、入江報告・内海報告・北山報告・嶋田解題などが指摘するように、部局・多機関間、政府多層間、自治体間などの、さまざまな主体の「総て」を「合わせる」ことを内包することがあろう。部局間とは、いわゆる縦割・セクショナリズムの打破と関係多機関連携としての総合性である。政府多層間とは、国が政策形成して、自治体が政策執行する、という融合体制の多層的事務配分ではなく、自治体が政策形成から政策執行まで一貫するという分離体制の一元的事務配分を目指す総合性である。自治体間とは、総合的都市計画や自治体間連携に見られるように、自治体同士の方向を整合させることである。

これらの各主体が、それぞれに自律的総合性の原理を主張するときには、むしろ、総合性として内包される実態を否定することに使われる。つまり、それぞれの主体が、総合性の原理を主張することによって、主体を通じた総合性が実現できないことを確保する。それは、部局・多機関間の対立であり、国と自治体などの政府多層間の係争であり、自治体間の衝突である。仮に総合性が実現するとすれば、ある主体の主張する（自律的）総合性に対して、他の主体が屈服し、他律的総合性として受容したときのみである。このときには、自律的総合性そのものが消滅する。自律的総合性とは、総合を目指しながら、総合が実現しても実現しなくても、自律または総合を破壊することで、自律的総合性を自己破壊する原理なのである。だからといって、矛盾するから存在しえない原理というわけでもない。つまり、決して終着点として実現してはならないが、方向性を示すものとしての原理である。

三　総合性の主体性と客体性と臣体性

(1)二段階の主体性または臣体性

総合性は、それを原理として主張できる主体について、一定の限定を行うさらにメタレベルの原理を内包している。つまり、総合性の原理として「総て」を「合わせる」ことを主張する主体と、総合性を主張されて「合わせ」られる側の「総て」という客体との区別である。他律的総合性とは、国が総合性の主体であり、自治体が総合性の客体である。[8]北山報告が描くように、国が自治体に監督をしながら、自治体が総合行政を担う実態は、他律的総合性の原理の具現化として理解できよう。反対に、自律的総合性では、恐らく、自治体が総合性の主体であり、自治体以外が総合性の客体であろう。

他律的総合性と自律的総合性が両立しうると考えたのが、戦後体制の到達点としての第一次分権改革であったともいえる。つまり、主体としての国は、客体としての自治体に対して、総合性を要求する。その帰結が、北山報告が歴史的に指摘した状態であり、自治体が多くの事務事業を担うことである（他律的総合性）。そして、多くの事務事業を担っている状態を前提に、主体としての自治体が、各部課に対して総合性を追求する（自律的総合性）。単なる他律的総合性では、自治体は多くの事務事業を担っていても、嶋田解題のいう行動原理としての総合性が達成されるとは限らないからである。ただ、他律的総合性と両立する自律的総合性は、国によって与えられた他律的総合性を否定しない範囲に自己限定せざるを得ない。つまり、他律される制約のなかでの自律であるから、主体性は限定される。客体化された主体であるから、臣体である。その意味では、臣律性総合性または規律的総合性である。

他律的総合性の方向性をさらに進めれば、いわゆる所掌事務拡大路線である（西尾二〇〇七）。しかし、現実には、人口・経済の縮減のなかで、すでに確保された自治体の他律的総合性でさえ、持続的に維

8　上述のように、他律的総合性でいう客体としての自治体とは、総ての個体自治体のこともあれば、総ての個体自治体から構成される個体自治体群（地方政府ネットワーク）のこともあれば、圏域など一定範囲の個体自治体群のこともあれば、特定の選ばれし個体自治体（しばしば中心都市自治体）のことも有り得る。

持できなくなりつつあるときに、主体としての国は、他律的総合性の原理の内実の読み替えを始めた。まずは、棚上げしていた「受け皿」論の再燃である。「総合行政主体」あるいは「基礎自治体」として、フルセットの所掌事務を担いうるように、基礎的自治体を市町村合併することである。他律的総合性の観点では、各自治体に主体性は認められていないから、主体としての国が国策合併を進めることには違和感はないからである。

しかし、現実には合併推進には限界がある。それは、客体である基礎的自治体側の反発という意味での政治的限界だけではなく、そもそも、基礎的自治体を無限に合併すれば、都道府県との差異が生じなくなるからである。都道府県を廃止する道州制に踏み込まない限り、市町村合併はいずれ限界にぶち当たる。そこで、市町村合併しないまま、市町村間を水平補完または連携することに、他律的総合性の意味内容を転換することである。

つまり、一定の自治体には、他律的総合性の客体であることを期待しないことである。西尾私案における内部団体移行方式（包括的団体移行方式）（水平補完）であり、定住自立圏や連携中枢都市圏における非中心自治体である。他律的総合性においては、客体とする自治体をどこに設定するのかは、多義的な選択肢のなかからの主体（国）の判断次第である。[9]

そして、論理的には、西尾私案のいう事務配分特例方式（垂直補完）と嶋田解題が暗示するように、他律的総合性の客体性を、基礎的自治体ではなく、広域自治体（都道府県）に期待することもあり得よう。

このように他律的総合性が右往左往し始めると、自治体を主（臣）体とする自（臣）律的総合性との幸福な両立は困難になってくる。それゆえ、入江報告が指摘するように、国（地方制度調査会）は「総合」という用語を使いづらくなっていったのであろう。設定される圏域は、かならずしも、自（臣）

律的総合性としての主（臣）体性を期待できない。そこで、圏域の法制化＝主体化＝臣体化という議論もあり得た[10]。しかし、圏域が主体になれるくらいならば、そもそも圏域での合併（自治体化）が可能である。合併が可能ではないからこその連携であるならば、圏域は主（臣）体にはなり得ない。結局、他律的総合性は、圏域内の自治体群を客体として求めつつも、圏域が自（臣）律的総合性の主（臣）体となることはなかった。国からは、中心都市自治体のみが、自（臣）律的総合性の主（臣）体として、潜在的に期待されることになったのである。

（2）自治体の主体性

自治体が自律的総合性の主体であるときは、第一に、自治体という団体全体を主体とし、自治体内の各部課を客体とする総合性である。各部課がそれぞれに自律的総合性を主張することは、部局間対

9　なお、合併と水平補完・連携とを対比して記述しているが、両者は、周辺町村に他律的総合性の客体であることを期待しない点で、一貫している。市町村合併の場合には、合併後の基礎的自治体の主導権は、通常は、人口の多い中心旧市町村に与えられ、周辺部は中心部の意向に服従する。自治体間の連携においても同様であり、実質的には中心都市自治体の意向に周辺町村は圧迫されざるを得ない。合併も連携も、周辺部市町村に法的・観念的には拒否権は存在するが、実際の交渉協議は中心部に対して非対称に進むことが普通である。

10　「自治体戦略２０４０構想研究会第二次報告」（二〇一八年七月）は、「圏域単位での行政のスタンダード化」として、「圏域を、各府省の施策の機能が最大限発揮できるプラットフォームとするためには，合意形成を容易にする観点から、圏域の実体性を確立し、顕在化させ、中心都市のマネジメント力を高める必要がある」と提唱した。

立を煽るだけになりかねないからである。自治体といっても、現実的には多数の部課の集合体であるならば、主体としての自治体は、コアエグゼクティブである首長を中心とする自治体政権を指すことになろう（礒崎二〇一七）。あるいは、総合計画によって自律的総合性が達成されるのであれば、企画部課こそが自律的総合性の主体かもしれない。しかし、所詮は一部局である企画部課が主体であり うるならば、所管部課や他の管理系部課も主体性を主張し、自治体組織内の割拠性・セクショナリズムに至るだろう。いわゆるホチキス総合計画である。つまり、自律的総合性の主体が、自治体より下位組織のレベルに分裂してしまう。財政部課・人事部課などによる総合化も同様である。とするならば、自律的総合性の主体性は、首長を中心とする自治体政権に限定されざるを得ない。

このときには、機関対立主義である議会の存在は位置づけが難しい。片山討論が描くように、首長と議会（代表機関）とで合意された方針が示せれば自律的総合性の主体は存在するが、首長と議会が牽制均衡関係にあれば、自律的総合性は主体を持てないことになる。

第二に、自治体を主体として、国を客体とする自律的総合性である。嶋田解題の言う「プロセスに着目した総合性」である。自治体からの政策提言を、それを国が受容して、制度化するような意味での自律的総合性である。例えば、片山討論で提言首長の活動が言及されているのは、このような趣旨であろう。もっとも、現実には、自治体が国に対して総合性を発揮して、国の「総て」を「合わせる」ように補完させることは通常は困難である。

第三に、ある自治体を主体として、他の自治体を客体とすることもあろう。それは、入江報告が指摘したように、中心自治体が他の周辺自治体を「集約とネットワーク化」によって総合する。あるいは、内海報告が指摘したように、周辺自治体を客体として制御を期待する総合的都市計画を指向することになる。もっとも、自治体は相互に対等であるならば、自治体内部課間対立と同様に、割拠性や地域エゴイズムの衝突に至るだろう。

従って、この場合の自律的総合性は、客体となるべき自治体の主体性を剥奪することと、表裏一体となる。そして、特定の自治体から主体性を剥奪するには、国の権力的・構造的介入が必要になる。それが、国策の市町村合併であり、国が進める自治体間の圏域連携（定住自立圏・連携中枢都市圏）であり、さらには、圏域の法制化である。その意味では、国によって選ばれた一定範囲の（中心都市）自治体においてのみは、他律的総合性と自（臣）律的総合性が両立する。

（3）総合性の客体性の拡大

総合性の原理は、主体も客体も政府部門である国・自治体を想定してきた。しかし、現実には、国・自治体は、民間部門である事業者・非営利組織・住民などと密接な関係性を持っている。もともと、戦後日本は必ずしも大きな政府部門を持っていたわけではなく、客体である民間に対する指導・協調・動員を重視してきた。さらに、二〇〇〇年代以降になり、人口減少・経済停滞の縮減化が明確になると、民間依存または民間転嫁の指向性は、さらに強化されてきた。

そのようななかで、総合性の意味内容は、論理的には、民間部門に対して公有化・公営化を進め、客体としての政府部門を拡大する、いわば別の意味での所掌事務拡大路線としても充塡しうる。しかし、行政改革なる政府部門の簡素化の観点からは、政府部門の拡大が求められることは多くはない。他方で、民間部門に対して政府部門の拡大ではなく、ときに政府部門の縮小（民間化）を含みつつ、客体である民間部門の動員路線としても、充填しうる。実際、片山討論にもあるように、主体である自治体が基本構想を定め、その実施は民間団体を含めて柔軟に進めることとして、理解することも可能である。ただ、通常、こうした民間との協調や連携を、総合性で表現することは少ないようである。

四　総合性の主体性の反転

(1) 住民集団という主体性

自律的総合性の主体が、自治体または自治体政権であるとしても、住民自治(=住民による自治体政府への民主的統制または住民からの自治体政府への信託)を前提にすれば、真の主体性は、自治体の主人公である住民集団に存在するという位置づけは可能である。もっとも、多数の多様な意見を持つ住民個々人は、自律的総合性を主張できないとするならば、住民集団としての意見を集約しなければならない。その意味では、結局、住民集団という主体を前提に、自治体政権がそれを代位・代理または受託して、自律的総合性を目指すことになる。結果として、個々の住民は、自律的総合性の主体にはなり得ない。

（２）サービス享受者の主体性

上記の通り、「総て」を「合わせる」対象として、民間部門を設定することは、総合性の意味内容によっては有り得ないわけではない。反対に、民間部門であるところのサービス享受者（生活者・消費者・顧客・行政対象者）を主体として総合性を想定することも、有り得ないわけではない（金井二〇二四ｃ）。事業者もしくは住民個人または世帯や家族や地域集団などの行政対象者を主体として、総合性を想定することができる。これは、嶋田解題の「機能に着目した総合性」のうちの「「個別具体的な問題対応」の次元で求められる総合性」に近いものかもしれない。しかし、「個別具体的な問題対応」をする自治体または政府部門の担当組織を主体とする総合性であるならば、「個別具体的な問題対応」における行政対象者は、総合性の客体である。そうではなく、「個別具体的な問題対応」にかかるサービス享受者（行政対象者・受給者・要求者など）を主体とする総合性である。

この場合の客体は、問題対応に当たる様々な多団体・多機関・多職種である。様々な多数関係者の「総て」を問題対応に向けて「合わせる」のが、ここでの総合性である。多数関係者という客体は、同一自治体内の関係各部課に留まらず、民間団体や他の自治体関係部課や国などに広く及び得る。

通常の多機関連携などでは、こうした多数関係者と連携する主体は、行政側にあることが普通である。しかし、多数関係者はそれぞれが自らの考える総合性を主張し、他の多数関係者を従わせようとすれば、紛争と対立になりかねない。結局、問題に懸かる行政対象者を、仮想的な主体として設定し、そのもとで対等な客体となっての総合性を目指すことになる。その実態は、多数関係者間の合意形成こそが、総合性の内実になる。しかし、あくまで、多数関係者のパターナルな合意が総合性であろう。とはいえ、本当に行政対象者が主体性を持てば、行政対象者の考える総合性に沿って、多機関が客体として行動することが目指される。

こうした意味で、享受者的総合性を我々個々人は提唱する余地はある（金井二〇二二）。この場合には、自治体・自治体政権や自治体各部課、さらには、国などの行政・民間営利団体・民間非営利団体の三セクターは、「総て」客体として「合わせる」べき客体・対象となる。もちろん、現実の権力関係において、個々人が享受者的総合性を主張しても、多数関係者を制御できるわけではない。しかし、複数または多数の関係者の行動が、「たらい回し」などによって、顧客としての個人にとって適切ではないことはよくある。そこで、自治体を含めて多数関係者に、規範的な意味で、客体としての行動を求める原理にはなり得よう（金井二〇二四c）。自律的総合性も他律的総合性も、行政という官官のなかに主体がとどまる総合性の原理という意味で限界があるからである。

おわりに　～享受者的総合性の再反転～

自治体や多数関係者を主体とする自律的総合性を否定し、享受者である個々人を主体として、多数関係者を客体とする享受者的総合性は、パターナルな国を主体とする他律的総合性を再び招き寄せる面がある。かつての他律的総合性と自律的総合性の結合は、

国	→ 自治体政権	→ 自治体各部課
他律的総合性の主体	他律的総合性の客体	
	自（臣）律的総合性の主体＝臣体	自（臣）律的総合性の客体

と想定していた。

集権的で国主導の新たな享受者的総合性は、国が個々人や事業者を、総合性を果たすべき客体として設定することで

国	→ 個人・事業者など	→ 自治体など関係多機関
他律的総合性の主体	他律的総合性の客体	
	享受者的総合性の主体＝臣体	享受者的総合性の客体

とする。個々の自治体は自律的総合性の主体＝臣体としての地位を失い、国のエージェント（臣体）として設定された「総合行政客体」である個人・事業者などから、連携・調整や標準化・統一化された問題解決を臣体的に要求され、総合調整されたワンスオンリー・ワンストップの対応を期待されるようになる。そこでは、自治体の自律的総合性は空洞化するだろう。

自治体が自律的総合性の主体であり続けるためには、国との競争のなかで、個々人や事業者を、総

合性を果たすべき客体として設定する必要があるかもしれない。

自治体　→　個人・事業者など　→　自治体部課・国・団体など関係多機関
自律的総合性の主体　　他律的総合性の客体　　享受者的総合性の客体
　　　　　　　　　　　享受者的総合性の主体＝臣体

しかし、そのためには、自治体が、国よりも、個人や事業者の意向に、適確に対応できることを示さなければならない。そこには、近接性や補完性の原理も必要となろう。そもそも、自治体が自律的総合性を主張するために、自治体の信託者・本人であるべき個人を、客体に貶めることは本末転倒である。とするならば、これまで以上に、自治体は住民の個別問題的な要求に、受託者または総合管理人として、柔軟に対応しなければならないだろう。それは、

個人　→　自治体　→　自治体部課・国・事業者・団体など関係多機関
享受者的総合性の主体　　享受者的総合性の客体　　自律的総合性の客体
　　　　　　　　　　　　自律的総合性の主体＝臣体

のような図式となろう。

【参考文献】

磯崎初仁（二〇一七）『知事と権力―神奈川から拓く自治体政権の可能性』東信堂

市川喜崇（二〇〇八）「分権改革はなぜ実現したか」日本政治学会編『政府間ガバナンスの変容　年報政治学2008-Ⅱ』木鐸社

市川喜崇（二〇一九）「2000年分権改革の政治過程（上）（下）―「豊かさを実感できる社会」路線の形成と財界の態度決定」『自治総研』二〇一九年一〇月号、一一月号

金井利之（二〇〇七）『自治制度』東京大学出版会

金井利之（二〇一六）「「希望出生率」論と国民の諸希望」浜矩子（編）『希望への陰謀』現代書館

金井利之（二〇二〇ａ）「自治体総合計画の沿革」日本都市センター（編）『ネクストステージの総合計画に向けて―縮小都市の健康と空間―』日本都市センター

金井利之（二〇二〇ｂ）「ネクストステージの自治体総合計画の課題」日本都市センター（編）『ネクストステージの総合計画に向けて―縮小都市の健康と空間―』日本都市センター

金井利之（二〇二二ａ）「総合行政主体論の考え方」日本都市センター『人口減少時代の都市自治体―都道府県間関係』日本都市センター

金井利之（二〇二二ｂ）「都市と自治―都市の人間集団と主体・客体・臣体」後藤・安田記念東京都市研究所（編）『都市の変容と自治の展望～公益財団法人後藤・安田記念東京都市研究所創立100周年記念論文集』後藤・安田記念東京都市研究所

金井利之（二〇二四ａ）「21世紀第2四半期における自治体の総合性の展望」『ガバナンス』二〇二四年一月号

金井利之（二〇二四ｂ）「日本余生のために国と自治体の関係性はいかにあるべきか」『I．B』二〇二四年新春特別号

金井利之（二〇二四ｃ）『行政学講説』放送大学教育振興会

原田晃樹・金井利之（二〇一〇）「看取り責任の自治（上）（下）」『自治総研』二〇一〇年四月号、五月号
神原勝・大矢野修（編）（二〇一五）『総合計画の理論と実務―行財政縮小時代の自治体戦略』公人の友社、二〇一五年
西尾勝（二〇〇七）『地方分権改革』東京大学出版会
水口憲人・北原鉄也・秋月謙吾（編）（二〇〇〇）『変化をどう説明するか　地方自治篇』木鐸社、二〇〇〇年
村松岐夫（一九九四）『日本の行政』中央公論社
森靖夫（二〇二〇）『「国家総動員」の時代―比較の視座から―』名古屋大学出版会

○登壇者略歴・編著書

入江　容子（いりえ　ようこ）
同志社大学政策学部・総合政策科学研究科教授
著書『大都市制度の構想と課題：地方自治と大都市制度改革』共著、晃洋書房二〇二二年、『地方自治入門』共編著、ミネルヴァ書房二〇二〇年、『自治体組織の多元的分析：機構改革をめぐる公共性と多様性の模索』晃洋書房二〇二〇年、『地方自治論：変化と未来』共著、法律文化社二〇一八など。

内海　麻利（うちうみ　まり）
駒澤大学法学部教授
著書『縮減社会の管轄と制御』編著、法律文化社二〇二四年、『決定の正当化技術』法律文化社二〇二一年、『縮退の時代の「管理型」都市計画』編著、第一法規二〇二一年、『都市計画の構造転換』共著、鹿島出版会二〇二一年、『地方自治論—変化と未来』共著、法律文化社二〇一八年、『まちづくり条例の実態と理論』第一法規二〇一〇年など。

北山　俊哉（きたやま　としや）
関西学院大学法学部教授
著書『テキストブック地方自治 第3版』共編著、東洋経済新報社二〇二一年、『公共政策学の基礎 第3版』共著、有斐閣二〇二〇年、『比較福祉国家』共著、ミネルヴァ書房二〇一三年、『福祉国家の制度発展と地方政府—国民健康保険の政治学』有斐閣二〇一一年など。

片山　健也（かたやま　けんや）
北海道・ニセコ町長
北海道ニセコ町出身。一九七八年ニセコ町役場に採用される。二〇〇九年ニセコ町長選挙に立候補、初当選、町長就任。二〇一三年、二〇一七年、二〇二一年、いずれも無投票で当選、現在四期目。
著書『情報共有と自治体改革—ニセコ町からの報告』公人の友社二〇〇一年。

阿部　昌樹（あべ　まさき）
大阪公立大学法学部教授
著書『自治基本条例』木鐸社二〇一九年、『ローカルな法秩序』勁草書房二〇〇二年、『争訟化する地方自治』勁草書房二〇〇三年、『スタンダード法社会学』共編著、北大路書房二〇二二年、『現代日本の紛争過程と司法政策』共編、東京大学出版会二〇二三年など。
金井　利之（かない　としゆき）
東京大学大学院法学政治学研究科教授
著書『行政学講義』ちくま新書二〇一八年、『縮減社会の合意形成』編著、第一法規二〇一九年、『行政学概説』放送大学教育振興会二〇一九年、『自治体議会の取扱説明書』第一法規二〇二〇年、『ホーンブック地方自治（新版）』共著、北樹出版二〇二〇年、『コロナ対策禍の国と自治体』ちくま新書二〇二一年、『原発事故被災自治体の再生と苦悩』共編著、第一法規二〇二一年、『行政学講説』放送大学教育振興会二〇二四年など。
嶋田　暁文（しまだ　あきふみ）
九州大学大学院法学研究院教授
著書『自治制度の抜本的改革：分権改革の成果を踏まえて』共編著、法律文化社二〇一七年、『地方自治の基礎概念：住民・住所・自治体をどうとらえるか？』共編著、公人の友社二〇一五年、『みんなが幸せになるための公務員の働き方』学芸出版社二〇一四年など。

自治体と総合性 ～その多面的・原理的考察～

2024 年 4 月 15 日　第 1 版第 1 刷発行

編　集　金井利之・自治体学会
著　入江容子 / 内海麻利 / 北山俊哉 / 片山健也 / 阿部昌樹
金井利之 / 嶋田暁文
発行人　武内英晴
発行所　公人の友社
〒 112-0002　東京都文京区小石川 5-26-8
TEL 03-3811-5701　FAX 03-3811-5795
e-mail: info@koujinnotomo.com
http://koujinnotomo.com/
印刷所　倉敷印刷株式会社

ISBN978-4-87555-911-5　C3030

出版図書目録

●ご注文はお近くの書店へ
小社の本は、書店で取り寄せることができます。
●直接注文の場合は
電話・FAX・メールでお申し込み下さい。
（送料は実費、価格は本体価格）

〔単行本〕

フィンランドを世界一に導いた100の社会改革
編著 イルカ・タイパレ
訳 山田眞知子 2,800円

公共経営学入門
編著 ボーベル・ラフラー
訳 みえガバナンス研究会
監修 稲澤克祐、紀平美智子 2,500円

変えよう地方議会
～3・11後の自治に向けて
編著 河北新報社編集局 2,000円

自治体職員研修の法構造
田中孝男 2,800円

自治基本条例は活きているか?!
～ニセコ町まちづくり基本条例の10年
編 木佐茂男・片山健也・名塚昭 2,000円

国立景観訴訟～自治が裁かれる
編著 五十嵐敬喜・上原公子 2,800円

成熟と洗練～日本再構築ノート
松下圭一 2,500円

地方自治制度「再編論議」の深層
監修 木佐茂男 青山彰久・国分高史 1,500円

自治体国際政策論
自治体国際事務の理論と実践
楠本利夫 1,400円

自治体職員の「専門性」概念
可視化による能力開発への展開
林奈生子 3,500円

原発再稼働と自治体の選択
原発立地交付金の解剖
高寄昇三 2,200円

「地方創生」で地方消滅は阻止できるか
地方再生策と補助金改革
高寄昇三 2,400円

総合計画の新潮流
自治体経営を支えるトータル・システムの構築
監修・著 玉村雅敏
編集 日本生産性本部 2,400円

総合計画の理論と実務
行財政縮小時代の自治体戦略
編著 神原勝・大矢野修 3,400円

自治体の人事評価がよくわかる本
これからの人材マネジメントと人事評価
小堀喜康 1,400円

だれが地域を救えるのか
作られた「地方消滅」 島田恵司
1,700円

分権危惧論の検証
教育・都市計画・福祉を題材にして
編著 嶋田暁文・木佐茂男・著 青木栄一・野口和雄・沼尾波子 2,000円

地方自治の基礎概念
住民・住所・自治体をどうとらえるか?
編著 嶋田暁文・阿部昌樹・木佐茂男
著 太田匡彦・金井利之・飯島淳子 2,600円

松下圭一＊私の仕事―著述目録
松下圭一 1,500円

地域創世への挑戦
住み続ける地域づくりの処方箋
監修・著 長瀬光市
著 縮小都市研究会 2,600円

自治体広報はプロションの時代からコミュニケーションの時代へ
マーケティングの視点が自治体の行政広報を変える
鈴木勇紀 3,500円

「大大阪」時代を築いた男
評伝・関一（第7代目大阪市長）
大山 勝男 2,600円

自治体議会の政策サイクル
議会改革を住民福祉の向上につなげるために
編著 江藤俊昭・著 石堂一志・中道俊之・横山淳・西科純 2,300円

挽歌の宛先 祈りと震災
編著 河北新報社編集局 1,600円

新訂 自治体法務入門
編 田中孝男・木佐茂男 2,700円

福島インサイドストーリー
役場職員が見た避難と震災復興
編著　今井照・自治体政策研究会　2,400 円

原発被災地の復興シナリオ・プランニング
編著　金井利之・今井照　2,200 円

介護保険制度の強さと脆さ
2018 年改正と問題点
編著　鏡諭　企画東京自治研究センター　2,600 円

神戸・近代都市の形成
高寄昇三　5,000 円

「縮小社会」再構築
安心して幸せにくらせる地域社会づくりのために
長瀬光市【監修・著】/ 縮小都市研究会【著】　2,500 円

合併しなかった自治体の実際
非合併小規模自治体の現在と未来
木佐茂男【監修】/ 原田晃樹 / 杉岡秀紀【編著】　1,900 円

住民監査請求制度がよくわかる本
平成29年改正
田中孝男　1,800 円

池袋・母子餓死日記
覚え書き（全文）（新装版）
公人の友社【編】　1,800 円

世界遺産・ユネスコ精神
平泉・鎌倉・四国遍路
五十嵐敬喜・佐藤弘弥【編著】　3,200 円

ひとりでできる、職場でできる、自治体の業務改善
時間の創出と有効活用
矢代隆嗣　2,200 円

ひとり戸籍の幼児問題とマイノリティの人権に関する研究
稲垣陽子　3,700 円

離島は寶島
沖縄の離島の耕作放棄地研究
齋藤正己　3,800 円

「地方自治の責任部局」の研究
その存続メカニズムと軌跡
谷本有美子　3,500 円

自治体間における広域連携の研究
大阪湾フェニックス事業の成立継続要因
樋口浩一　3,000 円

議員のなり手不足問題の深刻化を乗り越えて
地域と地域民主主義の危機脱却手法
江藤俊昭　2,000 円

人口減少時代の論点 90
井上正良・長瀬光市・増田勝　2,000 円

フランスの公務員制度と官製不安定雇用
図書館職を中心に
薬師院はるみ　2,000 円

総合計画を活用した行財政運営と財政規律
鈴木洋昌　3,000 円

議会が変われば自治体が変わる
【神原勝・議会改革論集】
神原勝　3,500 円

近代日本都市経営史・上巻
高寄昇三　5,000 円

図解・こちらバーチャル区役所の空き家対策相談室です
空き家対策を実際に担当した現役行政職員の研究レポート
松岡政樹　2,500 円

図解・空き家対策事例集
「大量相続時代」の到来に備えて
松岡政樹　2,000 円

縮小時代の地域空間マネジメント
ベッドタウン再生の処方箋
監修・著　長瀬光市
著・縮小都市研究会　2,400 円

バックパッカー　体験の社会学
日本人の若者・学生を事例に
著　萬代伸也
解説　多田治・須藤廣　2,200 円

NPOと行政の協働事業マネジメント
共同から〝協働〟により地域問題を解決する
矢代隆嗣　2,200 円

住民論
統治の対象としての住民から自治の主体としての住民へ
渡部朋宏　3,200 円

自治体経営の生産性改革
総合計画によるトータルシステム構築と価値共創の仕組みづくり
玉村雅敏【編著】　2,000 円

災害連携のための自治体・応援職員ハンドブック
東日本大震災のデータと事例から
西出順郎【編著】　2,000 円

ドラッカー × 社会学
コロナ後の知識社会へ
伊坂康志・多田治　1,300 円

市民がつくる政治倫理条例
斎藤文男　2,500 円

実務者のための〝アウトカム重視〟の政策立案と評価
地方創生に活かす政策形成の基本
矢代隆嗣　2,700 円

東京・区長準公選運動
区長公選制復活への道程
神原勝　5,500 円

韓国・行政基本法条文別解説
韓国・法制処（田中孝男・訳）　5,000円

これからの政策と経営
危機の時代を希望の未来へ
山本清　2,800円

第一次大戦と青野原ドイツ軍俘虜
収容所の日々の音楽活動
岩井正浩　3,800円

北欧福祉国家と国庫補助金
国庫補助金改革とフィンランド福祉国家の変容
横山純一　3,000円

自治体職員の「自治体政策研究」史
松下圭一と多摩の研究会
小関一史　3,000円

協働を活かす〝アウトカム重視〟のチーム対話
全員で創り上げる多様な意見がかみ合い、深まる対話の進め方
矢代隆嗣　3,000円

旅と理論の社会学講義
多田治　2,200円

「維新」政治と民主主義
分断による統治から信頼でつなぐ自治へ
山口勝己　1,800円

自治体経営の政策転換（実践事例集）
長瀬光市　2,700円

自治体政策法務論の現在地
次世代政策法務論への架橋を目指して
田中孝男　3,600円

観光の公共創造性を求めて
ポストマスツーリズムの地域観光政策を再考する
上山肇・須藤廣・増淵敏之【編著】　2,700円

実践・自治体まちづくり学
まちづくり人材の育成を目指して
【編著】上山肇・【著】河上俊郎・伴宣久　2,700円

［北海道自治研ブックレット］

No.1
市民・自治体・政治
再論・人間型としての市民
松下圭一　1,200円

No.3
福島町の議会改革
議会基本条例＝開かれた議会づくりの集大成
溝部幸基・石堂一志・中尾修・神原勝　1,200円

No.4
議会改革はどこまですすんだか
改革8年の検証と展望
神原勝・中尾修・江藤俊昭・廣瀬克哉　1,200円

No.5
ここまで到達した芽室町議会改革
芽室町議会改革の全貌と特色
広瀬重雄・西科純・蘆田千秋・神原勝　1,200円

No.6
国会の立法権と地方自治
憲法・地方自治法・自治基本条例
西尾勝　1,200円

［自治総研ブックレット］

No.22
自治体森林政策の可能性
国税森林環境税・森林経営管理法を手がかりに
飛田博史編／諸富徹・西尾隆・相川高信・木藤誠・平石稔・今井照　1,500円

No.23
原発災害で自治体ができたこと　できなかったこと
自治体の可能性と限界を考える
今井照編／阿部昌樹・金井利之・石田仁・西城戸誠・平岡路子・山下祐介　1,500円

NO.24
未完の「公共私連携」
介護保険制度20年目の課題
飛田博史編／大森彌・高端正幸・堀越栄子・森安東光　1,500円

NO.25
自治体から考える「自治体DX」
「標準化」「共通化」を中心に
其田茂樹編／牧原出・松岡清志・三木由希子　1,500円

NO.26
コロナ禍で問われる社会政策と自治体
「住まい」の支援を中心に
飛田博史編／田中総一郎・吉岡章・岩永理恵・砂原庸介　1,500円

［京都府立大学京都地域未来創造センターブックレット］

No.1
地域貢献としての「大学発シンクタンク」
京都政策研究センター（KPI）の挑戦
編著　青山公三・小沢修司・杉岡秀紀・藤沢実　1,000円

No.2
もうひとつの「自治体行革」
住民満足度向上へつなげる
編著　青山公三・小沢修司・杉岡秀紀・藤沢実　1,000円

No.3
地域力再生とプロボノ
行政におけるプロボノ活用の最前線
編著　杉岡秀紀
著　青山公三・鈴木康久・山本伶奈　1,000円

No.4
地域創生の最前線
地方創生から地域創生へ
監修・解説 増田寛也
編著 青山公三・小沢修司・杉岡秀紀・菱木智一　1,000円

No.5
「みんな」でつくる地域の未来
行政・地域・学校の現場から
編著 京都府立大学京都政策研究センター　1,000円

No.7
人がまちを育てる
ポートランドと日本の地域
編著 川勝健志　1,000円

［地方自治ジャーナルブックレット］

No.33
都市型社会と防衛論争
松下圭一　900円

No.34
中心市街地の活性化に向けて
山梨学院大学行政研究センター　1,200円

No.36
行政基本条例の理論と実際
神原勝・佐藤克廣・辻道雅宣　1,100円

No.37
市民文化と自治体文化戦略
松下圭一　800円

No.39
ディスカッション三重の改革
中村征之・大森彌　1,200円

No.41
市民自治の制度開発の課題
山梨学院大学行政研究センター　1,200円

No.43
分権改革と政治改革
西尾勝　1,200円

No.44
自治体人材育成の着眼点
浦野秀一・井澤壽美子・野田邦弘・西村浩・三関浩司・杉谷戸知也・坂口正治・田中富雄　1,200円

No.45
シンポジウム障害と人権
橋本宏子・森田明・湯浅和恵・池原毅和・青木九馬・澤静子・佐々木久美子　1,400円

No.46
地方財政健全化法で財政破綻は阻止できるか
高寄昇三　1,200円

No.47
地方政府と政策法務
加藤良重　1,200円

No.48
政策財務と地方政府
加藤良重　1,400円

No.49
政令指定都市がめざすもの
高寄昇三　1,400円

No.51
討議する議会
自治体議会学の構築をめざして
江藤俊昭　1,200円

No.52
【増補版】大阪都構想と橋下政治の検証
府県集権主義への批判
高寄昇三　1,200円

No.55
「大阪都構想」を越えて
問われる日本の民主主義と地方自治
（社）大阪自治体問題研究所　1,200円

No.57
なぜ自治体職員にきびしい法遵守が求められるのか
加藤良重　1,200円

No.58
東京都区制度の歴史と課題
都区制度問題の考え方
著：栗原利美、編：米倉克良　1,400円

No.59
七ヶ浜町（宮城県）で考える
「震災復興計画」と住民自治
編著：自治体学会東北 YP　1,400円

No.60
市民が取り組んだ条例づくり
市長・職員・市議会とともにつくった所沢市自治基本条例
編著：所沢市自治基本条例を育てる会　1,400円

No.61
いま、なぜ大阪市の消滅なのか
「大都市地域特別区法」の成立と今後の課題
編著：大阪自治を考える会　800円

No.62
地方公務員給与は高いのか
非正規職員の正規化をめざして
著：高寄昇三・山本正憲　1,200円

No.63
大阪市廃止・特別区設置の制度設計案を批判する
いま、なぜ大阪市の消滅なのか Part2
編著：大阪自治を考える会　900円

No.64
自治体学とはどのような学か
森啓　1,200円

No.67
いま一度考えたい大阪市の廃止・分割
その是非を問う住民投票を前に
大阪の自治を考える研究会　926円

NO.73
シンポジウム・マイナンバーカードと保険証の一体化について
地方自治と地域医療の視点から考える
内田聖子・荻原博子・住江憲勇・保坂展人・江沢岸生・小島延夫　1,200円